KB201820

내
생각대로
산다는
착각

글 변진서

딸Book

목차

제2장. 무형의 감옥을 이해하기

제3장. 깨어있는 의식으로 내 삶을 바라보기

프롤로그

프롤로그: 내 인생, 한 편의 책이 되다

당신은 지금 이 순간, 자신의 의지대로 살고 있다고 믿으시나요? 아마 대부분의 사람들이 '그렇다'고 대답할 것입니다. 그러나 이것은 착각입니다. 왜냐고요?

당신이 신년을 맞이하여 다이어트를 결심합니다.

건강한 식단을 계획하고, 운동을 시작하죠. 하지만 얼마 지나지 않아 다시 야식을 먹고, 운동을 차일피일 미루게 되었습니다. 이것은 당신의 의지가 약해서일까요? 아니면 무의식적인 습관 때문일까요?

사실, 우리의 행동과 생각은 대부분 우리가 인식하지 못하는 무의식의 영향을 받습니다. 거의 모든 사람이 무의식 속 존재하는 보이지 않는 '**틀**'에 의해 결정되는 삶을 살아가고 있습니다.

이 틀은 '**삼스카라**'[1], '**분별심**', '**관념**', '**개념**', '**편견**', '**선입견**' 등으로 이루어져 있고요. 이런 다양한 요소가 우리의 삶을 조종하고, 경험을 해석하는 방식을 결정합니다. 또 이 틀은 사람마다 다르게 형성되어 있습니다. 그래서 우리는 같은 경험 속에서도 각기 다른 방식으로 느끼고 기억합니다.

한 날, 네 명의 친구가 영화관에 모여 『라라랜드』를 보기로 했습니다. 영화가 끝난 후, 그들은 커피숍에서 이야기를 나누었습니다. 그런데 그들이 영화에 대해 이야기하면서, 각자가 영화를 다르게 해석하고 있음을 알게 되었습니다.

첫 번째 친구는 영화의 로맨틱한 면을 강조해 이야기합니다. 그는 미아와 세바스찬의 사랑 이야기가 얼마나 아름답고 감동적이었는지 설명했죠.

두 번째 친구는 영화의 음악에 집중했습니다. 그는 재즈 음악이 영화의 분위기를 어떻게 만들어가는지, 그리고 미아와 세바스찬이 자신들의 꿈을 추구하는 과정에서 음악이 어떤 역할을 하는

---

1. 힌두교와 불교의 철학에서 비롯된 용어로 '인상'이나 '자국'이라는 의미를 가지고 있는 산스크리트어.

지 이야기했습니다.

세 번째 친구는 영화의 결말에 대해 말했습니다. 미아와 세바스찬의 관계의 결말이 얼마나 현실적이며 영화에 더 깊은 의미를 부여하는지 말이죠.

마지막으로, 네 번째 친구는 영화의 주제에 대해 이야기했습니다.『라라랜드』가 꿈을 추구하는 것의 어려움과 그 가치를 어떻게 묘사하는지에 대해 깊이 있는 통찰을 얻었다고요.

이 이야기는 같은 경험을 해도 사람마다 다르게 느끼고 기억한다는 것을 잘 보여줍니다. 사실 이런 일은 우리가 일상에서 흔히 겪는 일입니다. 친구들과 함께 식당에서 식사를 하거나, 여행을 가거나, 새로운 경험을 하는 등의 상황에서 우리는 모두 '같은' 경험을 하지만, 각자 '다르게' 느끼고 기억합니다. 왜 이런 일이 생길까요?

인간의 기억은 단순히 '사실을 기록하는 것'이 아니라, 무의식 속 편향과 선입견에 따라 재구성된 개인적 해석이기 때문입니다. 이는 우리가 경험을 '어떻게 해석하고 기억'하는지에 큰 영향을 미칩니다. 따라서, 우리의 기억은 단순히 과거의 사실을 객관적이고 사실적으로 반영하는 것이 아니라, 내 안의 수많은 틀을 통과하면서 편집되고 재구성된 내용을 주관적이고 개인적으로 반영하는 것임을 알아야 합니다.

이 진실을 아는 순간, 당신을 가두고 있던 알이 깨지기 시작합니다. 왜냐하면, 우리는 이제 우리의 기억과 경험이 절대적인 진실이 아니라, 내 안에 박힌 무의식적인 편향과 선입견에 의해 왜곡된 것임을 인식하게 되었기 때문입니다. 이러한 사실을 인식하는 것만으로도 우리의 내면을 더 깊이 탐구하고, 무의식 속에 숨겨진 틀들을 하나씩 깨뜨릴 수 있는 힘이 됩니다. 이는 우리가 스스로의 한계를 넘어서고, 보다 넓은 시각과 열린 마음으로 세상을 바라볼 수 있다는 희망을 줍니다.

이 틀은 어떻게 만들어지고, 왜 만들어졌을까요? 그리고 이 틀은 우리의 삶에 어떤 영향을 미칠까요?

우리 모두는 행복하게 살고 싶지만, 참 쉽지 않습니다. 그 이유는 바로 이 틀 때문입니다. 틀은 양육 방식, 사회화 과정, 문화적 배경, 그리고 개인적 경험을 통해 형성되었습니다. 이 틀은 세상을 이해하는 도구가 되지만, 때로는 시야를 좁히는 장애물이 되기도 합니다. 이러한 제한적인 시각은 우리가 새로운 가능성을 보지 못하게 하고, 변화와 성장의 기회를 놓치게 만듭니다.

불행의 근원 중 하나는 바로 이 틀에 갇혀 자신의 진정한 가능성을 인식하지 못하고, 자신이 진정 원하는 것이 무엇인지 발견하지 못하는 데 있습니다. 우리는 타인의 기대에 맞추며 자신의 꿈과 열망을 외면하고 살아가곤 합니다. 이 과정에서 우리는 진정한 나를 잃고, 내면의 공허함 속에서 불행을 느낍니다.

이러한 틀을 넘어서기 위해서는 먼저 자신의 내면을 깊이 들여다보고, 자신을 둘러싼 틀을 인식하는 것부터 시작해야 합니다. 자기 성찰을 통해 이러한 틀을 하나씩 인식하고, 그것이 우리 삶에 미치는 영향을 이해하며, 무엇보다 자신이 진정으로 원하는 것이 무엇인지 발견하는 여정은 우리를 진정한 자유와 행복으로 이끌 것입니다. 어쩌면 우리 모두의 삶은 이 틀을 인식하고, 틀과 싸우고, 틀을 깨기 위한 여정일지도 모릅니다. 우리도 모르는 사이에 내 안에는 수많은 틀이 만들어졌어요. 당신의 잘못이 아닙니다. 하지만 우리는 이 틀을 알아차리고, 인정하고, 잘 다루어야 하는 과제를 안고 살아가게 되었습니다.

틀을 발견하고, 넘어설수록 우리의 세계는 넓어집니다. 심리학자 칼 융이 말했듯이, 얼마나 많은 무의식을 의식화했느냐에 따라 우리의 운명이 바뀝니다.

과거의 경험과 기억, 미래에 대한 불안과 집착이 더 이상 우리를 지배하지 않게 되면, 우리는 진정한 자유를 찾게 됩니다. 우리는 과거의 틀에서 벗어나, 새로운 가능성과 기회를 받아들일 준비, 미래에 대한 불안을 이겨내고 지금 이 순간을 만끽할 준비가 되었습니다. 이제 당신은 더 큰 세계로 나아가면 됩니다. 자신을 가두던 편견과 선입견의 알을 깨고, 진정한 자아와 마주하는 여정을 시작할 때입니다. 이 깨달음을 통해 당신은 더 넓은 세상에서 무한한 가능성을 발견하게 될 것입니다.

저는 원래 멘탈도 약하고 몸도 허약했습니다. 그래서 몸과 정신이 건강해지고 싶다는 열망이 컸습니다. 의지가 강하고 지혜롭고, 건강하고 활력 있는 사람을 동경했습니다. 저는 아주 사소한 것에도 흔들리고 부러지고 약해졌습니다. 20대 초반에 어떤 것에도 흔들리지 않는 단단하고 뿌리 깊은 소나무 같은 사람이 되고 싶다고 메타(구 페이스북)에 글을 쓰기도 했습니다. 그렇게 단단한 사람이 되고 싶어서 맨 처음 하게 된 건 독서였습니다. 벽에 부딪혔을 때 어떤 선택을 해야 할지 모르겠더라고요. 혼란스럽고 방황할 때마다 내 안에 지혜가 없다고 느꼈습니다. 그래서 지혜를 쌓기 위해 책을 읽기 시작했죠.

헤르만 헤세, 에리히 프롬, 카프카, 카뮈, 공자, 노자, 소크라테스, 니체, 간디, 법정 스님 등 훌륭한 위인이 나의 스승이 되었습니다. 독서의 위력을 몸소 느꼈기에 책을 소개하는 유튜브,「유투북 변진서」채널도 시작하게 되었습니다. 그런데 책보다 훨씬 나의 정신과 마음을 건강하게 만들어 준 것이 바로 '명상'이었습니다. 책이 나를 흔들리지 않는 소나무처럼 단단하게 만들어줬다면, 명상은 부러지지 않는 부드러움, 어디에도 존재하고 스며들 수 있는 공기 같은 존재가 될 수 있는 힘을 만들어 줬습니다.

헤르만 헤세의 소설 『싯다르타』를 읽고 명상에 대한 관심이 생겼고, 2018년부터 유튜브 영상, 관련 서적을 찾아보며 독학을 시작했습니다. 하지만 명상은 혼자 알아가기 어렵더라고요. 그래서 2021년에 명상지도전문강사 자격증을 준비하며 본격적으로 공부를 시작했습니다. 명상을 하니 내 안에 얼마나 많은 틀이 나를 가두고 있었는지 깨닫게 되었습니다. 지금도 그 틀을 하나씩 벗겨가는 작업을 하고 있고, 그 덕에 얻은 것은 해방감과 자유입니다.

명상은 특정 종교나 신앙을 기반으로 하지 않고, 내면의 평화와 깨달음을 위한 실천적 수련입니다. 저는 불교 철학에서 영감을 받아 명상을 배우고 있지만, 불교를 특정 종교로 받아들이기보다는 붓다의 가르침을 삶 속에서 적용할 수 있는 지혜와 실천으로 여깁니다. 이는 고통에서 벗어나 자유와 깨어 있는 의식을 향해 나아가고자 하는 길이라고 생각합니다.

첫 책을 썼던 2023년, 글을 쓰는 내내 명상의 힘을 절실히 느꼈고, 그 이후로 명상을 더욱 깊이 있게 공부하며 삶 속에 녹여내기 위해 무상사 활불선원 주지 스님이자 명상심리 스승이신 세준 스님께 명상심리에 대해서 전문적으로 배우기 시작했습니다. 명상심리는 명상을 할 때 우리에게 일어나는 심리 작용에 대해 공부하는 학문입니다. 2024년 8월 명상심리지도사 과정도 마무리되어 본격적으로 나의 세계를 열어준 명상심리에 대해 알리기 위한 강의도 시작했습니다. 이 책에 그 공부를 하며 깨달은 것들을 최대한 알기 쉽게 담았습니다. 이 책을 쓸 수 있게 배움을 주신 세준 스님께 감사를 전합니다.

이 책을 펼치고 있는 당신이 무의식 속에 숨겨진 틀을 발견하고, 그것을 깨는 초월적인 경험을 하길 바랍니다. 모든 삶은 한 권의 책이 될 수 있습니다. 당신의 삶도 한 권의 책이 될 수 있습니다. 무의식이 이끄는 대로 의식하지 못한 채 살고 있었을 뿐입니다. 내 삶을 깨어 있는 의식으로 바라보면 누구라도 한 권의 책을 쓸 수 있게 됩니다. 나는 이렇게 믿습니다.

저의 세계를 넓혀준 깨달음을 소개하며, 틀을 어떻게 깨나갔는지 이야기해보려 합니다. 이 이야기를 통해 당신도 깨어 있는 의식으로 삶을 바라볼 수 있고 나아가 한 권의 책이 될 수 있다는 진실을 깨닫길 바랍니다.

제1장

무형의 감옥: 내 안의 「틀」들

무의식에 들어찬 「틀」들

우리의 무의식 속에 자리한 보이지 않는 틀은 삼스카라, 관념, 개념, 분별심, 편견 등 다양한 요소들로 구성되어 있어요. 이 틀들은 우리가 세상을 보는 '렌즈'와도 같죠. 하지만 이 렌즈는 우리의 시야를 좁히고 특정한 방향으로만 이끌기도 합니다.

결국, 우리 안에 **'무형의 감옥'**이 만들어집니다.

예를 들어볼까요?

부모님이 의사인 한 학생이 있다고 해요. 그 학생은 부모님의 직업을 당연시하며 의학 외의 다른 진로를 거의 생각하지 않을 수 있어요. 자신이 정말로 의사가 되고 싶다고 느낄 수도 있지만,

사실 그건 어릴 때부터 받아온 무의식적인 교육이 만든 고정된 사고일 가능성도 큽니다. 다른 직업을 생각하지 못하고 가능성을 좁히게 된 거죠. 만약 부모님이 그 학생에게 의사가 되기를 계속 강조했다면, 그 학생은 스스로를 '의사만이 될 수 있는 사람'으로 제한할 수밖에 없습니다. 이렇게 무의식 속에 형성된 틀은 우리가 가질 수 있는 다양한 가능성을 가려버리죠.

또 다른 예시로, 어릴 때부터 사진 찍기를 좋아했던 한 사람을 생각해볼 수 있어요. 하지만 부모님은 "사진은 취미로는 좋지만 직업으로는 안 돼"라며 반대했습니다. 그로 인해 이 사람은 '나는 예술가로는 성공할 수 없어'라는 믿음을 갖게 되었죠. 그래서 경제학을 전공하고 졸업 후에는 은행에서 일하게 되었지만, 사진을 찍을 때 가장 행복했습니다. 사진작가가 되는 꿈을 포기한 건, 그의 무의식 속에 자리한 '나는 경제인이야'라는 인식의 틀 때문이었죠. 이런 식으로 우리의 무의식 속 틀이 '무형의 감옥'을 만들게 됩니다.

그렇다면, 당신은 어떤 렌즈로 세상을 보고 있나요?

많은 사람들은 스스로의 가능성을 제한하고, 타인과의 비교 속에서 스스로를 틀 안에 가두곤 합니다. 하지만 사실은, 우리 각자는 빛나는 존재이고, 그 안에 무한한 가능성이 존재합니다.

부처님도 말씀하셨듯이, 모든 존재는 스스로의 빛을 가지고 있으며, 우리는 무한한 가능성을 지닌 존재들이에요. 우리 자신이 위대한 존재라는 것을 믿으면, 우리 삶의 많은 것이 달라집니다.

독일의 철학자 프리드리히 니체는 『차라투스트라는 이렇게 말했다』에서 인간이 스스로의 가능성을 발견하고 초월하며 살아가야 한다고 강조했습니다. 이는 그가 주장한 '**초인(Übermensch)**'[2] 개념과 맞닿아 있으며, 인간이 자신의 한계를 넘어 창조적이고 자율적인 존재로 거듭나야 한다는 철학적 메시지를 담고 있습니다. 이는 우리 모두가 내면에 무한한 잠재력을 가지고 있으며, 그것을 받아들이면 삶이 놀랍게 변화할 수 있다는 메시지죠.

이제 당신의 삶에 씌워져 있는 무의식 속 틀을 하나씩 벗겨내고, 진정한 당신의 빛을 발견할 시간입니다. 이러한 여정을 시작하기 전에, '삼스카라', '분별과 분별심', '관념과 개념', 그리고 '편견과 선입견'이라는 요소들을 하나씩 살펴보며, 그것들이 우리의 삶에 어떤 영향을 미치는지 정확히 이해해봅시다.

---

2. 독일 철학자 프리드리히 니체가 제시한 개념으로, 인간이 자신의 한계를 넘어 스스로를 초월한 존재로 진화해야 한다는 사상입니다. 니체는 초인이 기존의 도덕과 관습에서 벗어나 자신의 가치를 창조하며, 삶을 적극적으로 긍정하는 존재라고 보았습니다. 이는 니체의 '영원회귀'와 '힘에의 의지' 개념과도 깊이 연결되어 있습니다. 초인은 단순히 육체적으로나 지적으로 우월한 존재가 아니라, 자신의 삶을 주체적으로 책임지고 창조적으로 살아가는 인간상을 상징합니다.

1) 삼스카라(Saṃskāra): 무의식에 새겨진 흔적의 연속

'삼스카라'는 힌두교와 불교 철학에서 비롯된 개념으로, 산스크리트어로 '인상'이나 '자국'을 뜻합니다. 우리의 행동, 생각, 감정이 무의식에 남긴 흔적을 말하며, 이는 시간이 지나도 쉽게 사라지지 않는 깊은 자국처럼 우리 삶 속에 고스란히 남아 있습니다.

이 흔적들은 우리가 어떤 상황에서 어떻게 반응하고, 어떤 선택을 하며, 심지어 무의식적으로 어떤 습관을 가지게 되는지까지 깊숙이 영향을 미칩니다. 삼스카라는 단순히 한순간의 경험에서 끝나는 것이 아닙니다. 삶의 모든 순간마다 우리의 내면에 새롭게 각인되고, 지금 이 순간에도 당신의 마음 속 어딘가에 흔적을 남기고 있습니다. 그러나 우리는 종종 이러한 무형의 흔적을 인식하지 못한 채 살아갑니다.

삼스카라는 과거의 경험을 통해 형성되지만, 그것이 현재의 삶을 어떻게 이끌어가고 있는지 깨닫지 못하는 경우가 많습니다. 하지만 한 가지 중요한 진실이 있습니다. 삼스카라를 바라보는 그 순간, 우리는 더 이상 과거의 흔적에 지배당하지 않을 자유를 얻을 수 있습니다.

다음 이야기를 통해 당신도 이 삼스카라가 어떻게 작용하고, 삶에 어떤 영향을 미치는지 조금 더 이해할 수 있을 것입니다.

「은하는 새로운 연인과 함께 영화를 보러 갔다. 영화 속 주인공들이 서로를 향해 뛰어가는 장면에서, 감정의 파도가 그녀를 덮쳤다. 과거의 연인과 함께했던 순간들이 강렬하게 떠올랐기 때문이다. 그와 함께했던 아름다운 순간들, 그리고 결국 이별하게 되었던 그날의 상처가 다시금 마음을 휘감았다. 그 실연의 아픔은 은하의 마음 깊숙이 삼스카라로 새겨졌고, 이제는 자신도 모르게 새로운 사랑에 이 감정을 투영하고 있었다.

영화를 보는 내내 은하는 현재의 연인에게 집중하지 못했다. 머릿속을 떠다니는 과거의 기억과 비교, 그리고 잊지 못한 감정들이 현재의 순간을 가로막고 있었다. 은하는 자신도 모르게 전 연인과의 경험을 지금의 연애에 적용하고 있었고, 조금만 서운한 일이 생기면 불안에 휩싸였다. '이번에도 떠나버리면 어떡하지?'라는 두려움이 은하를 지배하기 시작했다. 현재의 연인은 아무런 잘못도 없었지만, 그녀의 마음속에 새겨진 삼스카라는 여전히 그 상처에서 벗어나지 못하게 만들었다.

사랑하고 싶어도, 새롭게 시작하고 싶어도, 과거의 감정이 새겨진 흔적은 쉽게 지워지지 않았다. 류시화 시인의 『사랑하라 한 번도 상처받지 않은 것처럼』이라는 시집 제목처럼 다시 사랑할 준비가 되어 있다고 믿었지만, 은하는 여전히 과거에 갇혀 있었다. 삼스카라는 마치 무의식에 새겨진 주홍글씨처럼, 그녀가 아무리 앞으로 나아가려 해도 무겁게 발목을 잡고 있었다.」

이처럼 연애뿐만 아니라 우리는 친구, 가족, 동료와의 상호작용에서도 무의식 속에 삼스카라가 쌓입니다. 어린 시절 부모에게서 들었던 말 한 마디, 친구와 나누었던 감정, 회사에서 경험한 상사와의 갈등까지. 이러한 모든 경험은 우리의 내면에 깊은 인상을 남기고, 우리는 그 인상에 반응하며 삶을 살아가게 됩니다.

삼스카라는 우리의 행동과 반응을 무의식적으로 이끌어가는 내면의 흔적입니다. 그래서 우리는 종종 과거의 경험 때문에 현재의 순간을 온전히 살아가지 못하고, 무의식 속에서 자동적으로 반응하게 되죠.

그렇다면, 우리는 이 삼스카라의 영향에서 벗어날 수 있을까요? 삼스카라는 마치 운명의 족쇄처럼 우리를 얽매기도 하지만, 그것을 풀고 자유로워질 방법도 분명히 존재합니다.

먼저 우리는 자신 안에 쌓인 삼스카라를 인식하는 것이 중요합니다. 그것이 언제, 왜, 어떻게 형성되었는지를 깨닫고, 그 무거운 족쇄를 하나씩 풀어나가는 과정을 통해 비로소 우리는 과거의 틀에서 벗어나 새로운 가능성을 향해 나아갈 수 있습니다. 삼스카라를 인식하고 풀어내는 과정은 단순하지 않지만, 그 여정을 통해 우리는 더 주도적이고 진정한 자아를 발견하게 됩니다.

이 책에서는 이러한 **'삼스카라 해방의 길'**을 통해 내면의 족쇄를 풀고, 삶을 보다 의식적이고 자유롭게 이끌어 나가는 방법을 소개하고자 합니다.

삼스카라는 우리를 얽매는 족쇄가 될 수도 있지만, 그것을 풀어낼 때 우리는 진정한 자유와 성장을 경험할 수 있습니다. 지금 이 순간에도, 당신은 무의식 속의 삼스카라를 하나씩 벗겨내고 진정한 자아로 나아가는 여정을 시작할 수 있습니다.

2) 분별, 분별력, 분별심: 분별력은 있고, 분별심은 없는 선택

우리는 매일 수많은 선택과 결정을 내리며 살아갑니다.

이때 **'분별'**, **'분별력'**, 그리고 **'분별심'**이라는 세 가지 개념은 우리가 세상을 이해하고 행동하는 데 중요한 역할을 하는 친구들입니다.

분별은 사물이나 상황을 객관적으로 구분하고 판단하는 능력입니다. 이는 우리가 경험을 통해 형성한 지식과 패턴을 바탕으로, 복잡한 현실 속에서 중요한 것을 선택하고, 불필요한 것을 피할 수 있게 도와줍니다. 예를 들어, 우리는 빨간 사과와 초록 사과를 구분하고, 여름과 겨울의 날씨를 분별할 수 있습니다.

분별력은 분별을 한 단계 더 발전시킨 것으로, 상황을 더 넓고 깊게 이해하고, 여러 관점을 고려한 후 최선의 결정을 내리게 하는 지혜입니다. 예를 들어, 건강을 위해서는 그저 '좋아 보이는 음식'을 선택하는 것만이 아니라, 내 몸에 무엇이 필요한지를 이해하고 선택하는 것이 중요합니다. 이 과정에서 분별력은 단순히 '옳다/그르다'로 결정을 내리는 것이 아닌, 다양한 측면을 고려하게 도와줍니다.

하지만 **분별심**은 개인의 가치관과 감정에 의해 사물을 지나치게 단순하게 판단하는 마음의 작용입니다. 이는 우리가 삶을 지나치게 이분법적으로 바라보게 만들 수 있습니다.

예를 들어, 친구가 추천한 책을 받아들일 때, 당신이 그 책의 주제가 마음에 들지 않거나 내 신념과 맞지 않다고 느껴서 바로 거부해버리는 마음이 분별심입니다. 우리는 이러한 분별심이 너무 강할 때, 세상을 너무 단순하게 구분하려는 경향을 가지게 됩니다. 한 예로, 친구가 당신에게 최근 읽은 책을 추천했을 때, 당신이 그 책을 객관적으로 평가하는 것은 **분별**입니다. 책의 내용, 저자, 당신의 독서 취향을 고려해 그 책이 당신에게 맞는지를 판단하는 과정이죠. **분별력**은 책의 내용이 다소 생소하거나 내 신념과 다르더라도, 그 책이 새로운 시각을 열어줄 기회를 볼 수 있는 능력입니다.

반면, **분별심**은 그 책이 내 가치관과 맞지 않다면 바로 거부하는 것입니다. 책의 한 구절이 불편하게 느껴지면, 그 책 전체를 부정하는 판단이 여기에 속합니다.

이제 당신이 깨야 할 '**틀**'은 바로 분별심입니다.

분별심이 지나치게 작용하면, 우리는 세상을 흑백논리로만 바라보고, 모든 상황을 이분법적으로 구분하려는 경향을 가지게 됩니다.

　예를 들어, 사람을 '좋은 사람'과 '나쁜 사람'으로 나누거나, 스스로를 '성공한 사람'과 '실패한 사람'으로 단정짓는 방식입니다. 이러한 판단은 우리의 삶에 많은 영향을 미치며, 특히 우리가 다른 사람들과 관계를 맺는 방식에도 큰 영향을 줍니다. 이분법적인 사고는 사람의 복잡하고 다양한 면모를 간과하게 만듭니다.

　세상은 흑백으로 나뉘는 것이 아니라, 그 사이의 다양한 색깔로 이루어져 있죠. 사람 역시 마찬가지입니다. 어떤 사람은 때로 좋은 면과 나쁜 면을 동시에 가지고 있을 수 있습니다. 따라서 분별심을 내려놓는 것은 사람과 세상을 있는 그대로 바라보는 중요한 연습입니다. 이를 통해 우리는 더 많은 가능성과 깊이를 가진 존재들을 발견하게 됩니다.

　또한, 분별심은 우리 자신을 평가할 때도 부정적인 영향을 미칩니다. 우리는 자신을 성공자와 실패자로 나누어 생각하며, 그 과정에서 불필요한 스트레스와 불안감을 느낍니다. 인생은 그리 단순하지 않으며, 우리의 가치도 하나의 척도로 판단될 수 없습니다. 오히려 우리는 다양한 경험과 선택을 통해 끊임없이 배우고 성장하는 존재입니다.

이러한 사고를 극복하기 위해서는, 분별심 대신 분별력을 키워야 합니다. 분별력은 사람이나 상황을 이분법적으로 나누는 것이 아니라, 다양한 시각과 가능성을 열린 마음으로 받아들이는 능력입니다. 이를 통해 우리는 보다 넓은 시야와 깊이 있는 관점으로 세상을 바라보게 되고, 복잡한 현실 속에서도 더 나은 결정을 내릴 수 있게 됩니다.

3) 개념과 관념: 지식의 감옥을 이해하는 키

우리의 인식은 두 가지 주요 요소인 **'개념'**과 **'관념'**에 의해 크게 영향을 받습니다.

개념은 우리가 세상을 이해하고 설명하기 위해 사용하는 일종의 '틀'이나 '카테고리'라고 이해하면 됩니다. 특정한 사물이나 현상에 국한되지 않고, 여러 상황에서 공통적으로 적용될 수 있는 일반적인 아이디어나 범주를 의미해요.

'사과'라는 개념을 생각해볼까요? 아마도 당신은 '사과'라는 단어를 들으면 머릿속에 둥근 모양, 빨간색 또는 녹색, 그리고 달콤한 맛, 아이폰 등이 떠오를 겁니다. 이런 특징들은 개별적인 사과에 국한되지 않고, 대부분의 사과에 공통적으로 적용될 수 있습니다. 이처럼 우리는 '사과'라는 개념을 통해 세상에 존재하는 수많은 사과를 이해하고 구분할 수 있게 되는 거죠. 따라서 '개념'은 우리가 세상을 이해하고, 사물이나 현상을 분류하고, 정보를 효과적으로 저장하고 검색하는 데 중요한 도구라고 볼 수 있어요.

관념은 개인의 경험과 감정, 가치관 등이 반영된 사고의 형태를 나타냅니다. 예를 들어, '성공'이라는 관념은 개인의 경험과 가치관에 따라 다르게 해석될 수 있습니다. 어떤 사람은 '성공'을 자신의 목표를 달성하는 것으로 이해할 수 있지만 반면에 다른 사람은 '성공'을 자신의 행복과 만족감을 찾는 것으로 이해할 수 있습니다. 이처럼 개인의 경험과 가치관에 따라 다르게 형성될 수 있는 게 관념이죠.

'성공'이라는 개념을 생각해봅시다.

사회에서는 일반적으로 '성공'을 높은 학력, 좋은 직장, 높은 소득 등으로 정의합니다. 이러한 '성공'의 개념에 갇히게 되면, 우리는 자신의 가치를 이러한 기준에 따라 평가하게 됩니다.

한 가정에서 부모는 두 자식에게 '성공'을 대학에서의 우수한 학업 성적과 좋은 직장에 취업하는 것으로 교육시켰습니다. 그 덕분에 첫째는 고등학교와 대학에서 우수한 성적을 거두고, 높은 연봉을 주는 회사에 취업했습니다. 이로써 부모가 정의한 '성공'의 기준을 충족시켰고, 부모는 첫째의 성공에 만족감을 느낍니다.

그러나 둘째는 부모의 기대보다 예술에 대한 열정을 좇아 대학에서 미술을 전공했고, 자신만의 창작활동에 몰입하여 자유로운 예술가의 길을 선택했습니다. 하지만 딸의 선택은 부모가 정의한 '성공'의 기준에 맞지 않기 때문에 부모는 둘째의 선택에 대해 불안감을 느끼게 됩니다. 그래서 부모는 둘째를 만나면 늘 우려하고 자식의 결정을 인정해주지 못하는 말을 하게 되죠.

사회나 가족이 학력, 직장, 소득 등을 '성공'의 주요 지표로 여길 때, 나도 모르게 이러한 기준에 따라 자신의 가치를 평가하게 됩니다. 이런 상황은 일상에서 누구나 경험할 수 있죠. 이러한 사례를 통해 '성공'이라는 개념에 얽매이지 않고, 자신만의 가치와 행복을 찾는 것의 중요성을 이해해야 합니다. 당신도 자신의 행복과 가치를 찾는 데 있어 제한적인 시각을 가지게 되었을지도 모릅니다. 세상의 성공 기준에 맞지 않아서 포기한 게 있을지도 모르고요.

이러한 '성공'의 개념, 관념의 틀에 갇히게 되면, 우리는 다른 가능성을 보지 못하게 됩니다. 창의성이나 사랑, 친절함 등과 같은 다른 중요한 가치를 간과하게 될 수 있습니다. 이는 우리가 세상을 더 풍부하게 이해하고, 다양한 시각으로 바라보는 데 제한을 두게 합니다. '성공'이라는 개념, 관념 뿐만 아니라 우리는 수많은 개념과 관념의 틀에 갇혀있습니다.

이러한 제한에서 벗어나기 위해 **'탈개념화'**와 **'탈관념화'**가 필요합니다.

탈개념화는 과도한 개념화에서 벗어나 개념에 얽매이지 않고 사물이나 경험을 직접 체험하는 과정입니다.

탈관념화는 주관적인 관념에서 벗어나 개인적인 사고를 조금 더 일반적이고 객관적인 수준으로 높이는 과정입니다.

어떤 개념과 관념이 나다운 삶을 막고 있는지, 더 큰 세계로 나아가는 걸 막고 있는지 **<세상을 새롭게 바라보다: 관념과 개념의 전환>**을 통해 발견해봅시다.

4) 편견과 선입견: 우리 삶에 미치는 영향

'**편견**'은 특정한 사물이나 사람에 대해 미리 형성된 고정된 생각이나 판단을 의미합니다. 이 용어는 주로 부정적인 측면에서 사용되며, 그 대상에 대한 실제 진실과 다르게 왜곡될 때 문제가 생깁니다.

예를 들어, '모든 고양이는 독립적이다'라는 편견은 모든 고양이가 사람과 거리를 두고 홀로 지낸다고 생각하게 만듭니다. 하지만 실제로는 사람에게 다정하게 다가와 애정을 표현하는 고양이도 많습니다. 우리집 반려묘도 주인을 졸졸 따라다니는, 일명 '개냥이'죠. 이처럼 단순화된 편견은 대상의 다양성을 간과하게 하며, 그들이 실제로 어떤 존재인지를 깊이 이해하지 못하게 만듭니다.

'**선입견**'은 그 대상에 대해 미리 형성된 편향된 생각이나 판단을 의미하며, 개인의 경험이나 사회적 영향에 의해 왜곡되기도 합니다.

예를 들어, '모든 고양이는 나를 싫어한다'는 선입견을 가진 사람이 있다고 해봅시다. 이 사람은 고양이를 만날 때마다 그들의 행동을 부정적으로 해석하며, 그들이 자신을 싫어한다고 생각할 것입니다. 그러나 고양이가 낯선 사람에게 경계심을 갖는 것은 본능적인 반응일 뿐, 그 사람을 싫어하는 것이 아닐 수 있죠. 이처럼 선입견은 개인이 새로운 관계나 상황을 긍정적으로 받아들이는 것을 방해할 수 있습니다.

이러한 편견과 선입견은 개인의 일상에만 그치지 않고, 사회적 갈등과 오해를 초래할 수 있습니다. 이로 인해 서로에 대한 이해가 부족해지고, 관계가 소원해지며, 나아가 사회적 문제로 발전할 수 있죠. 현대 사회에서도 성별, 인종, 직업에 대한 편견은 여전히 존재합니다.

예를 들어, '여성은 감정적이다'라는 편견은 여성이 논리적인 결정을 내리지 못할 것이라는 오해를 불러일으킬 수 있습니다. 그러나 실제로 감정과 논리의 능력은 성별에 무관하며, 편견에 기반한 이러한 고정관념은 다양한 사람들의 잠재력을 제한하게 됩니다.

역사적으로도 편견과 선입견은 끔찍한 비극을 초래해 왔습니다. 가장 대표적인 예로, 20세기 중반 나치 독일의 '홀로코스트'를 들 수 있습니다. 나치는 유대인을 경제적 문제의 원인으로 지목하며, 그들에 대한 극도의 편견을 퍼뜨렸습니다. '유대인은 사회를 망치는 존재'라는 왜곡된 이미지가 확산되었고, 이는 결국 유대인을 향한 집단 학살을 정당화하는 근거로 사용되었습니다. 많은 사람들이 이런 편견에 동조하여 그들을 차별하고 배제하는 데 동참했고, 이는 역사의 큰 비극으로 기록되었습니다.

하지만, 편견은 반드시 극복할 수 있습니다. 문학은 우리가 무심코 당연하게 받아들였던 시선을 흔들고, 우리가 보지 못했던 진실을 직면하게 합니다.

한강의 『소년이 온다』와 이민진의 『파친코』는 그러한 역할을 했던 작품들입니다.

『소년이 온다』는 국가가 만들어낸 편견이 어떻게 사람들의 삶을 파괴하는지를 보여줍니다. 광주 민주화운동 당시, 정부는 시민들에게 '폭도'라는 낙인을 찍었고, 그 편견은 너무도 쉽게 확산되었습니다. 그날 광주에서 희생당한 사람들은 '질서를 어지럽힌 자들'이 되어버렸고, 살아남은 이들은 '불순분자'라는 꼬리표를 달고 평생을 숨죽이며 살아야 했습니다. '국가가 위험하다고 말하면, 우리는 정말 그들을 경계해야 하는 걸까?' 독자들은 이 질문을 스스로에게 던지며, 권력이 만들어낸 편견이 얼마나 강력한 힘을 가지는지를 깨닫게 됩니다.

『파친코』 역시 사회가 만들어낸 편견이 어떻게 한 개인과 가족의 운명을 결정짓는지를 보여줍니다. 일본에서 '재일조선인'이라는 신분은 단순한 정체성이 아니라, 차별과 배제의 이유가 되었습니다. 이름을 바꾸지 않으면 학교에 가기 어렵고, 아무리 노력해도 좋은 직장을 가질 수 없는 현실. 그들이 '게으르다'거나 '문제가 많다'는 편견이 너무도 당연하게 받아들여지는 사회. 선자는 그 사회에서 살아남기 위해 고군분투하지만, 그녀가 아무리 열심히 살아도, 재일조선인이라는 이유만으로 넘어설 수 없는 벽이 존재합니다.

"우리는 사회가 만들어낸 편견을 사실로 믿으며 살아가고 있는 건 아닐까?"

이 두 작품이 던지는 메시지는 과거의 이야기로만 끝나지 않습니다. 우리는 지금도 특정한 집단에 대한 편견을 너무도 쉽게 받아들이고 있지는 않을까요?

"그 사람들은 원래 그렇다더라", "그런 배경을 가진 사람들은 신뢰할 수 없어", "저런 환경에서 자란 사람이 성공할 수 있을까?" 우리가 무심코 내뱉는 이런 말들이 누군가의 삶을 억압하는 또 다른 편견이 될 수도 있습니다. 편견을 깨는 첫걸음은 그것이 내 안에도 존재할 수 있음을 인정하는 것입니다. 그리고 문학은 우리에게 그 불편한 진실을 직면하게 합니다 편견과 선입견을 깨기 위한 첫걸음은 그것이 우리 안에 존재한다는 것을 인식하는 것입니다. 그리고 그로 인해 우리의 삶과 사고가 어떻게 영향을 받는지를 깊이 이해해야 하죠. 때로는 무의식적으로 가지고 있던 생각들이 우리 자신을 제한하고, 타인과의 관계를 왜곡할 수 있다는 것을 깨달으면, 우리는 한 걸음 더 자유로워질 수 있습니다.

편견을 넘어 진정한 이해로 가는 길은 쉽지 않지만, 충분히 가능한 일입니다. **<편견의 함정을 헤쳐나가다: 선입견 돌파하기>**를 통해 당신 안에 있는 무의식적인 편견과 선입견을 발견하고, 그것을 깨트리는 과정을 시작해보세요. 이 여정에서 당신은 새로운 시각으로 세상을 바라보고, 더 넓고 자유로운 사고를 얻게 될 것입니다.

제2장
무형의 감옥을 이해하기

삼스카라가 뜻하는 바와 그 영향

우리가 살아가는 동안 경험하는 모든 일들은 우리 안에 흔적으로 남습니다. 이 흔적은 눈에 보이지 않지만, 우리가 어떤 사람인지, 어떤 방식으로 세상을 바라보고 느끼는지를 서서히 형성합니다. 산스크리트어로 '인상' 또는 '흔적'을 뜻하는 '삼스카라'는 단순한 기억을 넘어, 우리 마음 깊은 곳에 새겨진 내면의 흔적입니다. 이 것은 마치 우리가 살아온 시간을 기록한 흔적처럼, 우리의 행동과 선택에 무의식적으로 영향을 미칩니다.

삼스카라는 그저 기억의 단편이 아닙니다. 우리가 겪은 경험과 그 경험에 얽힌 감정들이 하나로 엮여 만들어진, 깊고 복잡한 흔적입니다. 때로는 우리가 의식하지도 못한 사이, 이 흔적들이 우리의 반응과 결정을 이끌어가기도 합니다. 그래서 "왜인지 모르겠지만 그냥 화가 나", "그냥 짜증이 나", "미안해, 나도 모르게 그랬어"라는 말을 하거나 듣게 될 때, 삼스카라의 작용을 느낄 수 있습니다.

하지만 삼스카라는 부정적인 것만을 뜻하지는 않습니다. 따뜻했던 기억이나 기쁨의 순간들은 우리에게 용기와 희망을 남기고, 삶을 살아가는 원동력을 만들어줍니다. 반대로 아프고 힘들었던 순간들은 종종 우리 안에 두려움과 회피를 만들어내기도 합니다. 중요한 것은, 삼스카라는 한 번 새겨지면 영원히 고정되는 것이 아니라는 점입니다. 우리는 자신을 돌아보고, 내면을 들여다보며 이 흔적들을 새롭게 바라볼 수 있습니다.

저는 삼스카라를 이해하며 제 안의 무의식을 하나씩 깨닫게 되었습니다. 어떤 때는 사소한 일에 예민하게 반응하고, 어떤 때는 이유 없이 불안감에 휩싸였던 경험들. 그 모든 순간들이 제가 자라온 환경과 삶의 경험에서 비롯된 흔적임을 알게 되었습니다. 그 흔적들을 알아차린 뒤에는 비로소 그것에서 자유로워질 수 있는 가능성이 열렸습니다. 우리 내면의 삼스카라를 알아간다는 것은, 단순히 과거를 떠올리는 것이 아니라 현재의 삶을 더 풍요롭고 자유롭게 만들어가는 첫 걸음입니다.

삼스카라는 우리의 성장을 방해하는 족쇄일 수도 있지만, 반대로 우리의 성장과 변화를 이끄는 열쇠가 되기도 합니다. 과거의 경험에 묶여 있다고 느껴질 때, 한 가지 질문을 던져보세요.

"왜 내가 이렇게 느끼고 있는 걸까?"

이 질문은 내면에 남아 있던 삼스카라를 마주하는 중요한 시작점이 될 것입니다.

이 책에서는 삼스카라가 우리 삶에 어떻게 영향을 미치는지, 그리고 우리가 그것을 어떻게 긍정적으로 변화시킬 수 있는지에 대해 이야기하려고 합니다. 삼스카라를 이해하고 성찰하는 과정을 통해, 우리는 더 이상 과거의 흔적에 얽매이지 않고 더 자유롭고 충실한 삶을 살아갈 수 있을 것입니다.

용어 정리

〜〜〜

삼스카라: 경험에 의해 형성된 내면의 인상이나 흔적. 주로 과거 경험이 무의식에 남아 현재와 미래에 영향을 미치는 형태로 나타납니다.

분별심: 사물이나 현상을 구분하고 판단하는 본능적인 능력. 생존과 적응을 위해 필수적인 기능입니다.

관념: 개인의 주관적인 경험과 기억을 바탕으로 형성된 추상적인 생각이나 이미지. 이는 개인의 인식과 경험에 깊이 뿌리를 두고 있습니다.

개념: 특정한 범주나 대상을 설명하기 위해 형성된 추상적인 사고. 이는 논리적이고 체계적인 사고의 기본 단위이며, 언어와 상징을 통해 표현됩니다.

선입견: 사전에 형성된 고정적인 견해나 태도. 주로 개인의 경험과 사회적 학습을 통해 형성됩니다.

편견: 불공정하거나 비합리적인 고정된 견해. 사회적 규범과 문화적 전통을 통해 주로 형성됩니다.

1) '삼스카라'라는 틀이 생기는 이유

경험의 축적: 인생의 각 경험은 우리 내면에 흔적을 남기고 간다.

인생은 끊임없이 흐르는 강물처럼, 우리 내면에 수많은 경험이라는 물방울을 떨어뜨리며 하나의 풍경을 만들어갑니다. 특히 어린 시절의 경험은 우리의 성격과 자아 이미지를 결정짓는 데 있어 근본적인 역할을 합니다. 마치 빈 캔버스에 첫 번째 색을 입히는 것처럼요.

F. 스콧 피츠제럴드의 소설 『위대한 개츠비』는 삼스카라가 어떻게 형성되고, 그것이 우리 삶에 어떤 영향을 미치는지를 보여주는 흥미로운 사례입니다. 비록 '삼스카라'라는 단어가 등장하지는 않지만, 주인공 제이 개츠비의 삶은 이 철학적 개념을 이해하는 데 훌륭한 예가 됩니다.

「주인공 제이 개츠비의 삶은 그의 어린 시절과 청년기의 중요한 경험들로 인해 형성된 삼스카라로 가득 차 있습니다. 개츠비는 가난한 농부의 아들로 태어났으며, 어린 시절부터 사회적 지위와 재산의 결핍을 경험했습니다. 개츠비는 젊은 시절 사회적 지위와 재산이 없는 상태에서 데이지라는 여성에게 깊은 사랑을 느낍니다. 그러나 데이지는 부유한 계층의 여성이었기 때문에, 개츠비는 그녀와의 사랑을 이루기 위해 부와 지위를 추구하기로 결심합니다. 이 결심은 사랑과 성공, 소유에 대한 깊은 집착으로 이어져, 그의 모든 행동과 결정을 지배하게 됩니다.

개츠비의 삶은 그 결심 이후 전혀 다른 방향으로 흘러갑니다. 그는 부와 명성을 얻기 위해 불법적인 수단도 마다하지 않으며, 결국 모든 것을 손에 쥐게 됩니다. 하지만 그의 내면에 쌓인 삼스카라는 데이지와의 사랑을 되찾는 것에 대한 집착으로 이어집니다. 이 집착은 단순한 감정을 넘어선 내면의 강력한 흔적으로, 개츠비의 삶의 중심을 이루며 그의 모든 행동에 영향을 미칩니다.

개츠비의 집착은 그가 수많은 파티를 열고, 사람들과의 관계를 조작하며, 심지어 자신의 이름과 과거를 바꾸기까지 하게 만듭니다. 그는 데이지가 자신을 다시 사랑하게 만들기 위해 모든 수단을 동원하며, 그녀와의 재회를 꿈꾸며 살아갑니다. 그러나 이러한 집착은 결국 그의 파멸로 이어집니다. 데이

지와의 재회가 이루어지지 않자, 개츠비는 극도의 좌절과 상
실감을 느끼며, 그의 삶은 점점 더 무너져 갑니다.」

개츠비의 이야기는 삼스카라가 과거의 경험을 통해 어떻게 현
재를 왜곡하고 우리의 행동을 지배할 수 있는지를 잘 보여줍니다.
이러한 해석은 문학적 분석의 일환으로, 삼스카라라는 철학적 개
념을 적용한 것이긴 하지만 이는 개츠비뿐만 아니라 모든 인간에
게 적용됩니다. 불편했던 경험이 강한 경계심과 회피를 만들어내
고, 행복했던 경험이 집착으로 변하는 과정을 통해 우리의 현재를
왜곡하죠.

예를 들어, 어린 시절 학교에서 발표를 하다가 큰 실수를 해서
친구들에게 놀림을 받았던 경험이 있다면 그 아이는 수치스러움
을 느꼈을 것입니다. 그 이후로, 발표를 할 때마다 그 기억이 떠올
라 두려움과 불안이 생깁니다. 그 결과, 성인이 되어서도 발표를
피하려고 하고, 사람들 앞에서 말하는 상황을 극도로 꺼립니다.
이러한 경계심과 불안은 결국 새로운 도전과 변화, 특히 공개적으
로 자신을 표현하는 것에 대한 두려움으로 이어지게 될지도 모릅
니다.

반대로, 첫사랑과 함께한 순간들이 가장 행복한 기억으로 남아

있다면 어떨까요? 그 감정을 놓지 않으려 다른 연애에서도 같은 감정을 찾기 위해 집착할 수 있습니다. 새로운 사람과의 관계에서 첫사랑과의 추억을 재현하려는 강박 때문에 현재의 관계를 온전히 즐기지 못할 수 있습니다. 과거의 행복을 되찾으려는 집착은 새로운 사람을 제대로 알아가고, 현재의 순간을 온전히 경험하는 것을 방해합니다.

이 두 예시는 어떻게 부정적인 경험이 우리 안에 삼스카라로 남아 우리에게 경계심과 회피, 집착을 만들어내어 우리의 현재를 왜곡하고, 진정한 자유와 행복을 방해하는지를 잘 보여줍니다.

저 또한 많은 부분이 과거에 묶여 있다는 걸 깨달았습니다. 좋았던 경험은 붙잡아두려 집착하고, 싫었던 경험과 관련된 상황은 피하려고 한다는 것을요.

어린 시절, 초등학생 때의 일이 아직도 생생합니다. 같은 반 친구들 중 한 명이 저에 대한 뒷담화를 하고 다닌 적이 있었어요. 그로 인해 다른 친구들이 저를 피하는 것을 느꼈죠. 심지어 친했던 친구조차도 저와 다니기를 꺼려했습니다. 그래서 어느 날 그 친구에게 왜 그러는지 물었더니, 그 친구는 "000이 너 이상하다고 친하게 지내지 말래!"라고 말하고는 떠나버렸습니다. 그 이후로 저는 오랫동안 혼자였습니다. 그 기억은 지금은 흐릿하지만, 제 안에 깊이 남아 있었습니다.

어른이 되어서도 누군가가 저를 나쁘게 평가할까 봐, 험담을 할까 봐 두려워서 저의 진짜 모습을 숨기게 되더라고요. 그때의 감정적인 흔적이 무의식에 깊게 자리잡아서, 제 모습대로 말하고 행동하면 누군가가 저를 미워할지도 모른다는 생각에 사로잡혀 있었습니다. 그래서 잘 모르는 사람들 앞에서는 편하게 대하지 못하고, 꾸며낸 모습으로 대하곤 했습니다. 이런 점을 어른이 되어 깨닫게 되었어요.

저는 자유롭게 제 모습대로 살고 싶은데, 자꾸 브레이크를 거는 무언가가 제 안에 있었습니다. 그리고 그 이유가 바로 그때의 경험 때문이라는 것을 알게 되었습니다. 이 경험은 제 삶에서 삼스카라로 깊이 남아 저의 행동과 생각을 지배하고 있었던 것입니다. 어느 순간 더 이상 사람들의 신경을 쓰지 않고 싶었습니다. 누군가에게 피해를 주지 않는다면 저의 진짜 모습을 있는 그대로 보여줘도 괜찮다고 생각했어요. 제 안에서 타인의 눈치를 더 이상 그만 보고 싶다는 열망이 올라왔습니다.

그리고 스스로에게 다음과 같은 질문을 던지기 시작했습니다.

- 나는 어떤 경험을 반복적으로 떠올리며,
  그로 인해 어떤 감정을 느끼는가?

- 특정 상황에서 반복적으로 나타나는
  나의 행동 패턴은 무엇인가?

- 나의 두려움이나 집착은
  어디에서 비롯된 것인가?

예를 들어, 발표할 때마다 두려워하는 사람이 있다면, 그 두려움의 근원을 찾아보는 것입니다. 어린 시절의 실수로 인해 생긴 수치심이 현재의 두려움으로 연결되어 있다는 것을 인식하는 순간, 그 두려움을 극복할 첫걸음을 내딛게 됩니다.

다행히도, 삼스카라는 고정된 것이 아닙니다. 그것은 구름처럼 흐르고 변화할 수 있는 흔적입니다. 우리는 내면을 돌아보는 성찰을 통해 부정적인 삼스카라를 긍정적인 방향으로 전환할 수 있습니다. 명상, 운동, 긍정적인 사고방식을 실천하며 우리는 자신의 내면을 재조정하고, 스트레스를 관리하며, 정서적으로 안정된 상태를 유지할 수 있습니다.

삶은 우리가 경험하는 모든 순간의 흔적들로 이루어져 있습니다. 그 흔적들이 얽매는 족쇄가 될 수도 있지만, 스스로를 돌아보고 그 의미를 새롭게 정의할 때, 삼스카라는 우리의 성장과 변화를 돕는 디딤돌이 될 수 있습니다.

당신도 자신의 삶 속에서 이런 흔적들을 찾아보세요. 그리고 그 흔적들을 새로운 가능성의 씨앗으로 전환할 수 있는 힘을 믿어보세요. 우리는 과거의 제약을 넘어, 더 충만하고 의미 있는 삶으로 나아갈 수 있습니다.

감정적 강도: 마음의 풍경을 새기는 감정의 힘

강렬한 감정은 우리 마음속에 깊이 새겨져, 무의식의 한 부분으로 남게 됩니다. 사랑에 벅찼던 순간, 기쁨에 웃음 짓던 날들, 슬픔에 울었던 기억, 그리고 분노로 가슴이 뜨거웠던 그때의 감정들은 시간이 지나도 우리 안에서 여전히 숨쉬며, 삶의 흔적으로 자리 잡습니다. 그런 감정들은 단순한 기억을 넘어, 우리 내면의 이야기를 써 내려가고, 삼스카라라는 흔적이 되어 우리를 빚어갑니다.

셰익스피어의 『햄릿』 이야기는 철학적 관점에서 삼스카라의 작용을 이해하는 데 흥미로운 사례로 볼 수 있습니다. 그의 감정

적 경험과 내적 갈등은 삼스카라라는 개념을 현대적으로 해석할
수 있는 좋은 예시를 제공합니다.

「햄릿의 삶에서 부정적인 삼스카라는 분명하게 드러납니
다. 그는 아버지가 자연사한 것이 아니라, 삼촌 클라우디우스
에게 독살당했다는 사실을 유령을 통해 알게 됩니다. 그러나
이 진실을 접하고도 복수를 즉각 실행하지 못하는 이유는 단
순한 복수심을 넘어선 도덕적 고민과 자기 확신의 부족 때문
입니다.

햄릿은 '눈에는 눈'식의 복수가 과연 정당한지에 대해 끊임
없이 스스로에게 질문을 던지며, 자신의 행동이 옳은 것인지
망설입니다. 그는 연극을 활용해 삼촌의 반응을 살펴보고, 자
신의 의심이 확신으로 바뀌었음에도 불구하고 결단을 내리지
못합니다. 이러한 내적 갈등과 도덕적 혼란은 그를 점점 더 깊
은 의심과 방황으로 몰아넣고, 결국 복수를 실행했을 때는 이
미 모든 것이 돌이킬 수 없는 비극으로 치닫고 맙니다.」

이 이야기는 부정적인 감정적 경험이 개인의 선택과 행동을 얼
마나 왜곡할 수 있는지를 보여줍니다. 아버지의 죽음과 어머니의

배신으로 인한 슬픔은 햄릿이 세상과 타인을 바라보는 방식을 근본적으로 변화시키며, 내적 투쟁을 더욱 심화시킵니다. 햄릿의 이야기는 중요한 교훈을 줍니다. 우리가 겪는 부정적인 경험과 감정적 고통은 우리 자신과 세상을 더 깊이 이해하는 기회가 될 수 있다는 것입니다. 고통 속에서 자기 성찰과 인식을 통해 부정적인 삼스카라를 극복하고, 개인적인 성장과 변화를 이끌어낼 수 있습니다.

저는 어린 시절에 들었던, 제 외모를 비하하는 누군가의 말이 저에게 큰 상처가 되었고, 그로 인한 외모에 대한 집착과 자신감 부족이 부정적인 삼스카라로 굳어졌습니다. 이러한 강렬한 감정적 경험은 제 삶의 많은 결정과 행동에 영향을 미쳤습니다.

저에게 남겨진 그 상처는 시간이 지나면서 저의 일상과 대인관계에 어두운 그림자를 드리웠습니다. 저는 사람들 앞에 서는 것을 두려워하기 시작했습니다. 누군가 저를 직접 바라볼 때마다, 그들이 제 외모를 비판하고 있을 것이라는 생각에 사로잡혔죠. 이러한 불안은 저를 사회적 상황에서 소극적으로 만들었고, 친구들과의 관계에서도 자신을 완전히 표현하지 못하게 했습니다.

또한, 저는 외모에 대한 집착이 점점 더 심해져 갔습니다. 거울 앞에서 수없이 많은 시간을 보내며, 제 모습을 '완벽'하게 만들기 위해 애썼습니다. 그러나 아무리 노력해도 내면의 불안감과 자존감 부족을 해결할 수 없었습니다. 이러한 과도한 집착은 저의 심리적 안정을 해치고, 나아가 일상생활에서도 큰 스트레스가 되었습니다.

대학생활에서도 이러한 부정적인 삼스카라는 제 발목을 잡았습니다. 새로운 사람들과 만나는 것, 새로운 환경에 적응하는 것 모두가 두려움의 대상이었습니다. 저는 늘 타인의 시선을 의식하며, 제가 어떻게 보일지에 대한 걱정으로 머릿속이 가득 찼습니다. 이는 저를 더욱 소심하고 조심스러운 사람으로 만들었고, 많은 기회들을 놓치게 했습니다.

하지만, 시간이 지나며 저는 중요한 깨달음을 얻게 되었습니다. 제 가치는 외모나 다른 어떤 조건에 달려 있는 것이 아니라, 존재 자체로 이미 충분히 가치 있는 사람이라는 것을 깨달았습니다. 가치가 있기 위해서 외모를 가꿀 필요가 없었던 것입니다. 이를 깨닫기까지 많은 시간과 노력이 필요했지만, 저는 점차로 내면의 평화를 찾아가고 있습니다. 이제 저는 제 외모를 비하했던 그 말을 통해 생긴 삼스카라가 저를 지배하도록 허용하지 않습니다. 대신, 저는 제 자신을 있는 그대로 받아들이고, 사랑하는 법을 배우고 있습니다. 이러한 변화는 제가 과거의 부정적인 감정적 경험을 극복하고, 긍정적인 내면의 변화를 이루어낸 결과입니다.

햄릿의 이야기와 제 이야기는 각각의 경험에서 부정적인 감정적 삼스카라가 형성되었지만, 중요한 교훈을 담고 있습니다. 바로, 같은 일을 겪어도 그것을 긍정적으로 받아들일지, 부정적으로 받아들일지 선택할 수 있다는 것입니다. 이러한 우리는 자신의 감정과 경험을 어떻게 해석할지 선택할 수 있는 힘을 가지고 있습니다.

사회적 및 문화적 영향: 우리를 형성하는 환경의 힘

우리의 사상과 행동은 우리가 속한 사회와 문화에 의해 깊이 영향을 받습니다. 이는 에리히 프롬의 저서 『사랑의 기술(The Art of Loving)』에서 다루는 핵심 주제 중 하나입니다. 프롬은 사랑과 관계의 본질을 탐구하면서, 인간이 사회적 조건과 문화적 맥락 속에서 어떻게 성장하고 발전하는지에 대해 심층적으로 분석합니다. 그는 사회적 상호작용과 문화적 전통이 개인의 가치관과 행동 양식을 형성하는 데 결정적인 역할을 한다고 보았습니다.

우리가 일상에서 겪는 상호작용에서도 사회적·문화적 영향은 뚜렷하게 드러납니다. 예를 들어, 우리가 입는 옷, 듣는 음악, 먹는 방식까지도 우리의 취향은 주변 환경과 사회적 기대에 많은 영향을 받습니다. 이러한 사회적·문화적 요인들은 우리가 무엇을 중요하게 여기고, 어떤 행동과 생각을 하게 되는지를 좌우합니다.

또 다른 예로, 우리의 직업 선택 또한 사회적·문화적 기대에 영향을 받습니다. 특정 사회에서는 의사, 변호사와 같은 직업이 높게 평가받으며, 이러한 사회적 가치는 개인이 직업을 선택할 때 중요한 요소가 됩니다. 또한, 가족 구조와 전통은 우리가 관계를 어떻게 맺고, 사랑을 어떻게 표현하는지에 대한 우리의 인식에 영향을 미칩니다. 이러한 사회적·문화적 영향은 우리의 내면에 삼스카라로 자리 잡아 우리가 세상을 인식하고, 타인과 어떻게 상호작용하는지에 깊은 영향을 미칩니다. 프롬은 사회적·문화적 조건에 무비판적으로 따르기보다는, 이를 인식하고 스스로의 길을 찾는 것이 중요하다고 강조합니다.

일상생활 속에서 우리는 끊임없이 사회적·문화적 조건에 노출되어 있으며, 이러한 조건들은 우리의 생각과 행동에 미묘하게 영향을 미칩니다. 자신의 행동과 가치관이 어떻게 형성되었는지 깊이 성찰하는 것은 중요합니다.

사회적 및 문화적 영향을 깊이 있게 다루며 개인의 내면과 삶에 미치는 영향을 탐구하는 작품으로는 버지니아 울프의 『자기만의 방(A Room of One's Own)』을 들 수 있습니다. 울프는 이 에세이에서 여성 작가들이 마주한 사회적·문화적 제약과 이를 내면화한 삼스카라가 어떻게 그들의 창작 활동과 자아 실현에 영향을 미쳤는지를 심도 있게 탐구합니다. 이 작품은 단순히 여성의 권리를 주장하는 데 그치지 않고, 사회적 조건이 개인의 내면 세계에 남긴 흔적과 이를 극복하려는 노력을 통해 인간의 가능성을 확장하는 메시지를 전합니다.

울프는 '셰익스피어의 가상의 여동생'이라는 비유를 통해 여성 작가들이 자신도 모르게 내면화한 사회적 삼스카라를 보여줍니다. 당시 여성은 교육의 기회를 충분히 누리지 못했고, 가정과 사회가 요구하는 성 역할에 얽매여 창작 활동을 제한받았습니다. 울프는 이러한 사회적 조건이 단순히 외적인 제약이 아니라, 여성의 무의식에까지 영향을 미쳐, 스스로 글을 쓸 수 없다고 믿게 만들었다고 지적합니다. 이런 믿음은 사회적 삼스카라의 전형적인 사례로, 반복된 경험과 관습이 개인의 내면에 흔적으로 새겨져 그들의 행동과 선택을 무의식적으로 제한합니다.

『자기만의 방』에서 울프는 삼스카라의 작용이 여성 작가들에게 특히 강하게 나타났음을 강조합니다. 여성들은 창작의 자유를 얻기 위해 경제적 독립과 물리적 공간을 필요로 했지만, 이를 가로막는 것은 단지 외부의 제약뿐 아니라, 그들이 내면에 새긴 사회적 관념과 두려움이었습니다. 이러한 삼스카라는 자신이 가진 창조적 능력을 의심하게 하고, 스스로를 위축시키는 역할을 했습니다.

예를 들어, 울프는 16세기의 여성 작가들이 글을 쓰는 대신, 남성 작가의 뒤에서 조언을 하거나 자신의 이름을 감추고 익명으로 글을 발표할 수밖에 없었다고 지적합니다. 이처럼 여성의 역할을 제한했던 사회적 환경은 시간이 지나면서 삼스카라로 자리 잡아, 여성들이 창작 활동 자체를 두려워하거나 자신의 목소리를 드러내기를 꺼리게 만들었습니다. 그러나 울프는 이러한 삼스카라를 단순히 비극적 결과로만 보지 않습니다.

그녀는 이를 인식하고 극복하려는 노력이야말로 개인의 성장과 창조적 자유를 이루는 핵심이라고 주장합니다. 이를 위해 울프는 "여성이 자기만의 방과 연간 500파운드의 수입을 가져야 한다"고 말하며, 사회·문화가 만들어 놓은 삼스카라를 극복하기 위한 구체적인 방향을 제시합니다. 이는 단순히 물리적 독립을 의미하는 것이 아니라, 내면에 새겨진 제약을 뛰어넘는 과정에서 필요로 하는 정신적·경제적 자립을 강조한 것입니다.

울프의 메시지는 삼스카라의 영향이 단순히 여성에게만 국한된 것이 아니라는 점에서 더욱 보편적입니다. 사회적·문화적 삼스카라는 누구에게나 영향을 미칠 수 있으며, 이를 극복하기 위해서는 자기 성찰과 의식적인 노력이 필요합니다. 『자기만의 방』은 단순히 창작 공간을 말하는 것이 아니라, 자신이 속한 환경이 남긴 무의식적 흔적에서 벗어나, 스스로의 목소리를 찾고자 하는 인간의 내적 여정을 상징합니다.

울프는 이 여정의 과정을 통해 삼스카라를 넘어서는 길을 보여줍니다. 그녀는 독자들에게 이렇게 묻고 있는 것처럼 보입니다.

"당신의 삼스카라는 무엇입니까? 그것이 당신의 행동과 선택을 어떻게 제한하고 있습니까?"

이러한 질문은 단순히 여성 창작자들에게만 던져진 것이 아니라, 삼스카라의 영향을 인식하고 극복하려는 모든 이들에게 향한 것입니다.

『자기만의 방』은 사회적·문화적 삼스카라가 개인의 내면에 새겨질 수 있는 방식과, 이를 자각하고 해소하는 과정의 중요성을 보여주는 작품입니다. 울프는 우리에게 삼스카라가 단지 제약이 아니라, 성찰과 자유로 가는 디딤돌이 될 수 있음을 깨닫게 합니다.

2) 싯타르타의 삶에서 배워보기

『싯다르타』는 헤르만 헤세가 그려낸 영적인 탐구의 이야기입니다. 이 책에서 우리는 주인공 싯다르타가 내면 깊은 곳에 자리잡은 삼스카라, 즉 과거의 경험에서 비롯된 정신적 흔적들과 마주하고, 그것들로부터 벗어나 진정한 자유를 찾아가는 과정을 보게됩니다. 이 이야기는 단순한 서사를 넘어, 우리가 삶 속에서 겪는 내적 갈등과 깨달음을 상징적으로 묘사합니다. 이 책을 읽으며 저는 내면 깊은 곳의 목소리에 귀 기울이는 법을 배우게 되었습니다. 삼스카라가 무의식 속에서 어떻게 나의 선택과 감정을 이끌어왔는지 깨닫는 순간, 저는 그것들로부터 조금씩 벗어나 자유로워지는 기쁨을 경험했습니다. 싯다르타의 여정은 마치 삶의 지도를 펼쳐 보이듯, 스스로를 탐구하고 성장할 수 있는 길을 제시해 주었습니다.

이 책의 각 장에서는 싯다르타가 자신의 삼스카라를 하나씩 벗어내며, 어떻게 자신의 길을 찾아가는지를 상세히 보여줍니다. 이 과정을 통해 여러분도 자신의 삶에서 유사한 삼스카라를 발견하고, 이를 벗어나는 방법을 고민해보실 수 있을 것입니다.

제가 싯다르타의 이야기를 공유하고 싶은 이유는, 그의 여정이 우리 삶에서 내면의 싸움과 평화를 어떻게 깊이 다루고 있는지 보여주기 때문입니다. 싯다르타의 이야기를 통해, 여러분 스스로도 자신의 삶에서 비슷한 갈등을 발견하고 해결하는 데 필요한 중요한 질문들을 던질 수 있기를 바랍니다. 이 질문들은 삼스카라를 풀어가는 길을 찾는 데 도움이 될 것입니다.

1단계: 출가와 자기 탐색
주요 삼스카라 - 「사회적 기대와 종교적 교리에 대한 내면화」

싯다르타의 이야기는 그가 젊은 브라만으로서의 안락한 삶을 떠나기로 결심하면서 시작됩니다. 이 결심은 단순한 탈출이 아니라, 용기와 깊은 자기 탐구에서 비롯된 선택이었습니다. 부모의 기대, 사회적 압력, 그리고 종교적 전통이라는 무게에서 벗어나, 싯다르타는 자신의 내면 깊은 곳에서 들려오는 소리에 응답했습니다.

그의 출가는 단순히 익숙한 삶을 포기하는 것이 아니었습니다. 이는 진정한 자신을 찾고, 그동안 자신을 가두고 있던 틀에서 벗어나기 위한 첫걸음이었습니다. 싯다르타는 부모와 사회가 그려준 삶의 궤적을 따르는 대신, 스스로 길을 개척하기로 결심했습니다. 그 여정은 쉽지 않았지만, 그가 자유 의지와 내면의 목소리에 충실했기에 가능했습니다. 이 선택은 싯다르타에게 있어 새로운 시작점이었습니다. 세상의 기준을 뒤로하고 자신의 진정한 소망을 좇아가는 그의 이야기는, 우리에게도 삶의 방향에 대해 질문을 던지게 합니다. 무엇이 나를 자유롭게 하는가? 그리고 나는 정말 나만의 길을 걷고 있는가? 이 선택은 그가 고정된 틀에서 벗어나 자신만의 길을 탐색하기 위한 시작점이 되었습니다.

저 또한 싯다르타와 유사한 경험을 했습니다. 어릴 적, 언니가 선물해준 일기장은 나만의 비밀스러운 공간이었고, 부모님과 사회가 나에게 기대하는 바를 벗어나 나 자신과 솔직하게 대화할 수 있는 공간이었습니다. 고등학교 시절, 대학과 전공을 선택해야 했던 순간에 저는 경제적 안정과 부모님의 기대를 우선시하며 내가 진정으로 원하는 삶을 저버린 것 같았습니다. 그때도 저는 일기를 통해 제 감정을 풀어내며 스스로를 끊임없이 돌아보았습니다.

자기 결정성 이론(Self-Determination Theory)[3]은 인간이 스

---

3. 자기 결정성 이론은 심리학자 에드워드 데시와 리처드 라이언이 제안한 동기 이론으로, 인간의 동기와 성취, 행복을 설명합니다. 이 이론에 따르면, 사람들은 자율성, 유능감, 관계성이라는 세 가지 기본 심리 욕구가 충족될 때 더 큰 만족과 성취감을 느낍니다.
   • 자율성(Autonomy): 자신이 선택하고 행동할 수 있는 자유.
   • 유능감(Competence): 자신의 능력으로 목표를 달성할 수 있다는 느낌.
   • 관계성(Relatedness): 다른 사람들과 의미 있는 관계를 맺고 소속감을 느끼는 것.

스로 선택한 행동과 목표에서 더 큰 만족과 성취감을 느낀다고 설명합니다. 싯다르타의 출가는 바로 그 예시입니다. 그는 외부의 압력에서 벗어나 자신의 내적 소명을 따르며 진정한 자유와 평화를 추구했습니다.

저 또한 부모님의 보호 아래 안정된 길을 걸어왔지만, 진정한 꿈인 배우가 되는 길을 포기했을 때 내면 깊은 곳에서 무언가 잘못되었다는 느낌이 들었습니다. 결국 저는 일기장을 다시 펴고 잊고 있던 꿈을 떠올렸고, 두려움을 이겨내기로 결심했습니다. 부모님의 경제적 지원을 떠나, 서울로 가서 배우라는 꿈을 이루기 위해 도전한 순간이 제 인생의 '출가'였습니다. 이 과정에서 느낀 두려움과 설렘, 그리고 자신을 믿고 나아가는 용기는 저에게 큰 변화를 가져왔습니다. 이는 싯다르타가 자신의 길을 찾기 위해 선택한 여정처럼, 저 역시 사회적 기대와 가족의 보호에서 벗어나 스스로의 길을 선택한 순간이었음을 깨달았습니다. 이 경험은 저에게 나만의 진정한 삶을 살아가는 것이 무엇인지를 깊이 성찰하게 했습니다.

우리 시대에도 많은 이들이 싯다르타와 비슷한 갈등을 겪고 있습니다. 조지 오웰은 영국의 소설가이자 사회 비평가로, 사회의 기대를 벗어나 스스로의 길을 찾기 위해 밑바닥에서 생활하며 그의 경험을 작품으로 남겼습니다. 그의 대표작인 『1984』는 전체주의 사회를 강력히 비판하며 자신만의 목소리를 찾은 과정을 잘 보여줍니다.

이외에도 많은 사람들이 사회적 삼스카라를 뛰어넘어 자신만의 삶을 살아갑니다. 그러나 문제는, 우리가 진정으로 원한다고 믿었던 욕구가 사실은 사회나 미디어가 주입한 것일 수 있다는 것입니다. 그런 욕구가 진실이 아닐지라도, 우리는 그것을 인정하기 어렵습니다. 그 이유는 우리 자신을 부정하는 느낌을 받을 수 있기 때문입니다. 그래서 사회가 만들어 놓은 삼스카라를 깨기 위해서는 개인이 자신의 욕망과 사회적 기대의 차이를 분명히 인식해야 합니다. 저는 스스로의 욕망을 분별하기 위해 많은 노력을 기울였습니다. 지금도 삼스카라가 만들어 놓은 욕망인지, 아니면 내 진짜 욕망인지 혼란스러울 때가 있습니다. 그런 순간마다, 저는 스스로의 방법으로 분별력을 길러내고 있습니다.

여러분도 다음의 방법을 시도해보세요. 분명 유의미한 답을 찾을 수 있을 것입니다.

• 자기 인식과 성찰: 내면의 목소리에 귀 기울이기

바쁜 일상 속에서 멈추고 자신에게 질문을 던져보세요. "내가 진정으로 원하는 것은 무엇인가?", "무엇이 나를 행복하게 하고, 충족감을 주는가?" 이런 질문에 답을 찾기 위해, 스스로와의 시간을 충분히 가져보는 것이 중요합니다. 깊은 생각은 우리의 내면에서 잊고 있던 소망을 깨워줄 수 있습니다.

• 외부 영향과의 비교:
세상이 말하는 '원해야 하는 것' 넘어서기

우리는 종종 사회적 기대나 주변의 시선에 따라 자신의 욕망을 왜곡합니다. 미디어가 보여주는 이상적인 모습이나 다른 사람들의 의견이 나에게 어떤 영향을 주고 있는지 곰곰이 생각해보세요. 그 영향이 당신의 진정한 소망을 가리는 덧칠은 아닌지 살펴보는 것이 중요합니다.

• 소통과 대화: 믿을 수 있는 사람들과 나누기

혼자만의 고민이 답답하게 느껴질 때, 진솔한 대화가 큰 힘이 됩니다. 믿을 수 있는 사람과 당신의 생각과 욕망을 공유해보세요. 다른 시선에서 듣는 조언과 응원은 당신이 놓쳤던 부분을 깨닫게 하고, 새로운 길을 열어줄 수 있습니다.

• 실천과 경험: 직접 느껴보며 답 찾기

머릿속으로만 고민하지 말고, 실제로 행동에 옮겨보세요. 새로운 취미를 시작하거나, 하고 싶었던 일을 시도해보는 것이 필요합니다. 경험은 당신의 욕망이 진짜인지, 아니면 한때의 충동인지 알려주는 가장 확실한 방법입니다.

- **자아 강화: 내 선택을 믿고 지키기**

당신의 선택과 결정을 존중하세요. 남들이 뭐라 하든, 내가 내린 결정이라면 그 자체로 충분히 가치 있습니다. 스스로를 지지하며 내면의 힘을 키워나가는 과정이야말로 삼스카라의 영향에서 벗어나 진정한 자신을 찾는 핵심입니다.

우리는 사회적 기대에 부응하려고 할 때, 종종 자신의 진정한 욕망을 잃어버리기 쉽습니다. 그러나 자신의 길을 찾아가는 과정에서 얻는 자유와 성장은 그 무엇과도 바꿀 수 없는 가치입니다.

2단계: 쾌락과 세속적 삶의 경험
주요 삼스카라 - 「물질적 욕망과 쾌락 추구」

싯다르타의 여정에서 두 번째 단계는 쾌락과 세속적 삶의 경험입니다. 그는 출가 후 고행을 경험하며, 극단적인 금욕주의가 깨달음을 가져다주지 않는다는 것을 깨닫고, 세속적인 삶과 물질적 욕망을 탐구하기로 결심합니다. 싯다르타는 상인이 되어 부와 명예를 얻고, 쾌락과 사치의 세계에 빠져듭니다. 이 시기는 그의 삶에서 물질적 욕망과 쾌락 추구가 중심이 되는 시기로, 그는 외적인 성공과 풍요 속에서 일시적인 만족을 느끼지만, 내면 깊은 곳에서는 여전히 공허함을 느낍니다.

세속적 삶에서의 쾌락과 물질적 풍요로움은 겉으로는 그에게 많은 것을 주었지만, 결국 내면의 진정한 행복을 채워주지 못했습니다. 싯다르타는 물질적 욕망이 주는 만족이 순간적일 뿐이라는 사실을 체험하게 되면서, 이로부터 벗어나 다시 내면의 평화를 찾기 위한 여정을 시작합니다. 물질적 욕망과 쾌락은 그의 삶에서 중요한 경험이었지만, 그것만으로는 영혼의 갈증을 채울 수 없다는 것을 깨닫게 됩니다. 이러한 싯다르타의 경험은 오늘날 우리에게도 중요한 교훈을 줍니다.

현대 사회에서도 많은 사람들이 외적인 성공과 물질적 부를 추구하며 행복을 찾으려 하지만, 그 과정에서 내면의 진정한 만족을 잃어버리는 경우가 많습니다. 광고와 소셜 미디어는 끊임없이 더 많은 것을 소유하고, 더 높은 지위에 오르라는 메시지를 전달하며, 물질적 성공이 곧 행복이라고 설득합니다. 그러나 싯다르타의 여정이 보여주듯, 물질적 욕망은 일시적인 만족을 줄 뿐, 진정한 행복은 내면의 소리와 본질적인 가치를 실현하는 데서 비롯됩니다.

3단계: 강과의 만남 「진정한 깨달음」
주요 삼스카라 - 「과거와 미래에 대한 집착」
싯다르타의 여정의 세 번째 단계는 그가 강과 만나는 순간부터 시작됩니다. 세속적 삶의 허무함을 깨달은 그는 다시 길을 떠나 강가에 도달합니다. 강은 단순한 물줄기가 아니라, 삶의 흐름과 순간의 중요성을 상징합니다. 싯다르타는 강을 통해 과거와 미래에 대한 집착에서 벗어나, 현재의 순간에 온전히 머물 수 있는 법을 배우게 됩니다.

강가에서 싯다르타는 뱃사공 바수데바를 만납니다. 바수데바는 강을 통해 모든 것이 연결되고 순환한다는 사실을 가르쳐주며, 매 순간의 아름다움과 진리를 깨닫게 합니다. 싯다르타는 강물의 흐름을 관찰하면서 모든 존재가 서로 연결되어 있음을 느끼고, 시간의 연속성과 순간의 중요성을 이해하게 됩니다. 그는 과거나 미래에 대한 집착을 버리고, 현재를 온전히 받아들이는 법을 배우게 된 것이죠.

「강물의 흐름을 통해 얻은 깨달음」

• 과거와 현재의 연결
강물은 끊임없이 흐르며 과거에서 현재로 이어지고, 미래로 나아갑니다. 과거의 물방울은 현재의 물방울과 섞여 하나가 되며, 현재의 물방울은 미래로 흘러갑니다. 이는 우리의 삶도 마찬가지로, 과거의 경험이 현재를 형성하고, 현재의 행동이 미래를 만들어가는 과정을 보여줍니다.

• 현재만이 실재한다

강물이 흐르는 순간, 우리는 그 순간의 물을 볼 수 있습니다. 과거의 물은 이미 지나갔고, 미래의 물은 아직 도착하지 않았습니다. 현재의 물만이 우리 눈앞에 존재합니다. 이는 우리가 과거와 미래를 생각하더라도, 진정으로 존재하는 것은 지금 이 순간뿐임을 상기시켜줍니다.

• 모든 존재의 연결

강물은 여러 갈래로 나뉘었다가 다시 합쳐지며, 모든 물방울이 서로 연결되어 있습니다. 이는 모든 생명체와 존재가 서로 연결되어 있음을 상징합니다. 우리의 행동과 생각이 다른 사람과 환경에 영향을 미치고, 그들이 다시 우리에게 영향을 미칩니다.

강물이 주는 가르침은 과거와 현재의 연결성과 '지금 이 순간'의 중요성을 상기시켜줍니다. 과거의 물방울은 현재의 물방울과 섞여 하나가 되고, 지금의 물방울은 미래로 흘러갑니다. 우리 삶도 이와 같아, 과거의 경험은 현재를 만들고, 현재의 선택은 미래를 만들어갑니다. 싯다르타는 이 흐름 속에서 진정한 깨달음을 얻게 됩니다.

우리도 싯다르타처럼 현재에 집중하는 법을 배워야 합니다. 현대 사회에서는 과거나 미래에 대한 걱정으로 현재를 놓치는 일이 많습니다. 스티브 잡스도 생애 마지막 연설에서 '현재를 살아가라'는 메시지를 남기며, 순간을 인식하고 감사하는 삶의 중요성을 강조했습니다. 이러한 가르침을 실천하기 위해 저는 과거에 집착했던 경험을 되돌아봅니다.

저 또한 한때 과거에 있었던 실수와 실패에 집착하며 살아왔습니다. 그러나 어느 날, 지금 이 순간을 살아가겠다는 결심을 하게 되었고, 그때부터 제 삶은 큰 변화를 맞이했습니다. 현재에 몰입하고 집중하는 것이야말로 내면의 평화를 찾는 길임을 깨달았기 때문입니다.

에크하르트 톨레는 저서 『지금 이 순간을 살아라』에서 우리가 현재에 머무는 구체적인 방법들을 제시합니다. 이를 통해 과거와 미래의 삼스카라에서 벗어나, 온전히 현재를 사는 법을 배울 수 있습니다. 호흡에 집중하거나 감정을 억제하지 않고 관찰하는 방법이 그중 하나입니다. 이러한 실천을 통해 저도 과거의 불안에서 벗어나, 현재를 사는 힘을 얻게 되었습니다.

따라서 우리는 싯다르타와 톨레의 가르침처럼, 과거와 미래의 집착에서 벗어나 현재에 온전히 머물러야 합니다. 강물처럼 흐르며, 매 순간을 살아가야 합니다. 과거나 미래에 얽매이지 않고, 진정한 평화를 찾는 삶을 추구하는 것이야말로 우리의 진정한 과제가 아닐까요?

4단계: 조화와 균형의 삶

주요 삼스카라 - 「극단적 성향과 불균형」

싯다르타의 여정은 이제 조화와 균형의 삶을 찾는 단계에 접어듭니다. 그는 과거의 극단적인 금욕과 세속적인 쾌락 추구에서 벗어나, 자연 속에서 조화로운 삶을 배웁니다. 싯다르타는 강가에서 뱃사공으로 일하며 자연의 리듬과 함께하는 법을 배우고, 인생이 강물처럼 자연스럽게 흘러가도록 받아들이기 시작합니다.

강가에서의 삶은 그에게 모든 것의 연결성과 자연스러운 흐름을 보여줍니다. 물질적 욕망과 정신적 성장을 균형 있게 유지하며, 싯다르타는 더 이상 지나친 노력이나 저항을 하지 않습니다. 그는 내면의 평화를 유지하면서도 외부 세계와 조화를 이루는 법을 터득하게 됩니다.

강물이 주는 교훈

강물은 과거와 현재, 그리고 미래를 연결해줍니다. 싯다르타는 강물을 통해 모든 것이 연결되어 있다는 사실을 깨닫고, 우리의 행동과 선택이 결국 우리 삶의 미래를 결정한다는 것을 이해합니다. 이 깨달음을 통해 그는 과거와 미래의 집착에서 벗어나, 현재 순간에 온전히 몰입하는 삶을 살아가게 됩니다.

현대 사회에서도 많은 이들이 일과 삶, 인간관계와 내면의 균형을 찾기 위해 노력합니다. 싯다르타는 극단적인 금욕과 세속적인 쾌락에서 벗어나 균형 잡힌 삶을 선택함으로써, 우리에게도 중요한 교훈을 남깁니다.

구체적인 실천 방법

현대 사회에서 조화롭고 균형 잡힌 삶을 살아가기 위해 다음과 같은 방법들을 실천해볼 수 있습니다.

• 일상 속 명상과 마음챙김: 지금 이 순간을 느끼는 연습
명상은 꼭 앉아서 하는 것만이 아닙니다. 설거지를 하거나, 걸으며 주변 풍경을 바라보는 순간에도 우리의 마음을 온전히 현재에 두는 연습을 해보세요.
설거지를 할 때는 물의 온도와 그릇이 깨끗해지는 모습을 느껴보고, 걷는 동안에는 바람이 피부에 닿는 느낌과 발바닥에 전해지는 땅의 감촉을 주목해보세요. 작은 순간 속에서도 마음이 깨어 있음을 느낄 수 있습니다.

• 자연과의 교감: 자연의 흐름 속에서 숨 고르기
바쁜 하루 속에서도 잠시 자연 속에 머물러 보세요. 공원의 나무 그늘 아래 앉아 보거나, 물소리와 바람 소리를 들으며 잠시 쉬어보는 것도 좋습니다.
자연의 리듬에 몸과 마음을 맞추는 시간은 내면에 평화를 불러옵니다. 산책 중에 나무 잎의 색깔이나 새들의 지저귐에 집중하며, 자연이 주는 작은 선물들을 느껴보세요.

• 건강한 생활 습관: 몸과 마음의 균형 찾기

건강한 몸이 건강한 마음을 만듭니다. 하루에 10분이라도 스트레칭을 하거나, 좋아하는 운동을 꾸준히 실천해보세요. 아침에는 따뜻한 차 한 잔으로 몸을 깨우고, 하루 세 끼를 규칙적으로 챙기며 내 몸을 돌보는 시간을 가집니다. 충분한 수면도 빼놓을 수 없습니다. 잘 쉬는 것은 더 나은 내일을 준비하는 첫걸음입니다.

• 인간관계의 균형: 함께 하되, 나를 잃지 않는 관계

인간관계는 삶의 큰 축입니다. 서로를 존중하고, 진심 어린 대화를 나누는 관계는 삶의 에너지가 됩니다. 하지만 지나치게 의존하거나, 반대로 지나치게 거리감을 두는 것도 경계해야 합니다.

내가 나로서 편안한 상태를 유지하며 상대방과 관계를 맺을 수 있을 때, 우리는 비로소 건강한 관계를 만들어갈 수 있습니다.

이와 같은 실천을 통해, 싯다르타가 발견한 조화와 균형의 삶은 우리의 일상에서도 충분히 실현될 수 있습니다. 우리는 과거나 미래에 대한 집착에서 벗어나, 매 순간을 살고 조화를 이루는 삶을 통해 삼스카라에서 자유로워질 수 있을 것입니다.

「싯타르타의 삶에서 배워보기」 요약

싯다르타의 여정은 각 단계를 통해 삼스카라에서 해방되는 과정을 보여줍니다.

· 1단계
사회적 기대와 종교적 교리로부터 벗어나기 위해 출가와 자기 탐색을 선택하며, 자신이 원하는 삶을 찾기 위한 용기를 배웁니다.

· 2단계
물질적 욕망과 쾌락의 한계를 경험하고 내면의 평화를 찾으며, 진정한 만족은 외부에서 오지 않음을 깨닫습니다.

· 3단계
과거와 미래에 대한 집착을 버리고 현재에 집중하는 법을 배우며, 순간의 중요성을 인식하게 됩니다.

· 4단계
일상 속에서 조화와 균형을 유지하며 진정한 행복과 평화를 실천하는 삶의 방법을 찾습니다.

한눈에 파악하기

단 계	주요 삼스카라	해 법	방 법	초 점
1단계	사회적 기대와 종교적 교리에 대한 내면화	출가와 자기 탐색	명상과 고행을 통해 자기 내면을 탐구하고, 진정한 자아를 발견하기	**외부의 기대와 규범**을 벗어나 내면의 소리를 찾는 것
2단계	물질적 욕망과 쾌락 추구	물질적 욕망과 쾌락 추구의 한계를 경험하고 내면의 충족 추구	물질적 성공과 쾌락을 추구하며, 공허함과 불만족을 통해 진정한 만족 찾기	**외부의 성취와 욕망**이 아닌, 내면의 평화와 행복을 찾는 것
3단계	과거와 미래에 대한 집착	과거와 미래에 대한 집착을 버리고 현재에 머무는 법 배우기	자연의 흐름과 순간의 중요성을 깨달으며, 현재에 집중하는 명상과 마음챙김 실천	**과거와 미래의 집착**에서 벗어나 현재의 순간을 온전히 살아가는 것
4단계	극단적 성향과 불균형	극단적인 성향과 불균형을 극복하고 조화롭고 균형 잡힌 삶 추구	일상 생활에서 조화와 균형을 찾기 위한 구체적인 실천 방법	**삶의 모든 측면에서 균형**을 유지하여 내면의 평화와 외부 세계와의 조화 이루기

3) 삼스카라에서 해방된 후의 삶

진정한 자유를 찾는 일은 인류가 오랜 세월 동안 이어온 가장 깊은 탐구 중 하나입니다.

부처님부터 크리슈나무르티에 이르기까지, 많은 위대한 성인들은 우리 내면에 깊이 새겨진 삼스카라의 흔적을 넘어서야 한다고 가르쳐주었습니다. 부처님은 모든 고통의 근원이 욕망과 무지에서 비롯된다고 설파했습니다. 삼스카라는 이 무지의 한 형태로, 우리가 진정으로 무엇을 원하고 어떻게 살아가야 할지 혼란스럽게 만듭니다. 부처님은 명상과 마음챙김을 통해 이러한 내면의 장애물을 극복하고, 깨달음에 이르는 길을 제시하셨습니다.

삼스카라라는 개념을 처음 접했을 때, 저에게는 마치 오래 닫혀 있던 창문을 활짝 여는 듯한 경험이었습니다. 신선한 공기가 들어오듯, 내면의 세계도 전에는 알지 못했던 방식으로 드러나기 시작했습니다. 이 새로운 이해는 저에게 많은 변화를 가져다주었고, 여러분도 그러한 변화를 경험하게 되기를 바랍니다.

자유로운 의사결정

삼스카라에서 벗어나기 시작하면서, 저는 비로소 제 인생에서

'왜?'라는 질문을 던질 수 있었습니다. 과거의 경험이나 주변의 기대가 아닌, 지금 내가 진정으로 원하는 것이 무엇인지고민하기 시작한 것입니다. 이러한 변화는 생각보다 깊은 의미를 지니고 있었고, 매 순간 저를 진정한 자유에 한 발짝 더 가까이 다가가게 했습니다.

어느 날, 저는 오랫동안 당연하게 여겼던 직업을 그만두고, 진정으로 열정을 느끼는 새로운 길을 선택하기로 결심했습니다. 그 결정은 두려움과 불확실성으로 가득 차 있었지만, 과거의 패턴에 얽매이지 않고 스스로 선택한 결정이었습니다. 처음으로 내 욕구와 꿈을 최우선으로 고려한 선택이었고, 그것은 제 삶을 더 풍요롭고 의미 있게 만들어 주었습니다.

이 경험을 통해 저는 진정한 의사결정의 자유가 무엇인지를 깊이 깨달을 수 있었습니다. 삼스카라의 무게에서 벗어나면, 우리는 과거의 잔재가 아닌 현재의 나를 반영한 선택을 할 수 있습니다. 이는 인생의 큰 결정을 내릴 때만 적용되는 것이 아니라, 일상 속 작은 선택들에도 적용됩니다. 예를 들어, 감정적으로 힘들게 만드는 관계를 정리하거나, 스스로를 돌보는 시간을 갖는 것이 그러한 선택의 일례입니다.

감정의 평화

삼스카라에서 조금씩 벗어나며, 저는 마치 오랜 폭풍 뒤에 찾아온 고요한 아침처럼 마음이 잔잔해지는 새로운 상태를 경험했습니다. 과거에는 내면 깊이 자리 잡은 분노와 슬픔이 늘 저를 흔들곤 했지만, 이제는 그 흔적들이 점점 희미해지며 마음에 평화가 자리 잡고 있음을 느낍니다.

어느 날 큰 스트레스 상황이 갑작스럽게 찾아왔을 때, 저는 이전과는 완전히 다른 반응을 했습니다. 예전 같았다면 불안과 초조 속에서 휘둘렸을 텐데, 그날의 저는 달랐습니다. 심장이 빠르게 뛰는 것을 느끼며 잠시 숨을 고른 후, 차분하게 문제를 바라보고 해결 방법을 찾아나갔습니다. 저 스스로도 놀랄 만큼 평온한 상태로 주변 사람들과 소통하며 상황을 풀어나갔고, 그 평화로움이 전해지면서 모두가 조금씩 안정을 찾는 모습을 보았습니다.

이 새로운 감정의 평화는 단순히 스트레스를 줄이는 데 그치지 않았습니다. 매일 아침 눈을 뜰 때, 이전에는 무심코 지나쳤던 작은 순간들에 감사하는 마음이 커져갔습니다. 아침 공기의 상쾌함, 식탁 위에 놓인 따뜻한 차 한 잔, 친구와의 대화에서 느껴지는 진심, 책 한 권에 담긴 이야기가 저에게 전해주는 울림까지— 모든 순간이 그 자체로 소중해졌습니다.

올바른 판단력을 찾다: 분별심의 순간

1) 분별심에 빠진 사람들

'분별'은 우리가 세상과 사람을 이해하고 살아가는 데 없어서는 안 될 소중한 능력입니다. 매일 우리는 크고 작은 선택의 순간에 서게 되죠. 사물을 구분하고 상황을 이해하는 이 능력 덕분에, 우리는 더 현명한 선택을 할 수 있습니다. 하지만 **'분별심'**은 약간 다릅니다. 분별심은 감정과 주관이 더해진 마음 상태로, 때로는 편견이나 고정관념을 만들어내기도 합니다.

사실, 분별은 인류의 오랜 생존과 성장의 비결이었습니다. 먼

옛날, 우리의 조상들은 먹을 수 있는 열매와 독이 있는 열매를 구별해야 했고, 위험한 포식자로부터 자신과 가족을 보호하기 위해 날카로운 판단력을 길렀습니다. 이 분별의 힘은 단순히 생존을 넘어, 우리의 삶을 더 안전하고 풍요롭게 만드는 데 중요한 역할을 했습니다.

원시 시대를 상상해봅시다.

「한 부족의 청년, 카이는 매일 아침 동이 틀 무렵 사냥을 나갑니다. 어느 날, 그는 숲속 깊은 곳에서 빛나는 황금빛 열매를 발견합니다. 열매는 달콤한 향기를 풍기며 카이를 유혹했지만, 그의 할머니가 늘 들려주던 말이 떠오릅니다.

"카이야, 색깔이 너무 화려한 열매는 조심해야 한다. 그 속에 독이 있을 수 있단다."

배고픔에 지친 카이는 그 유혹을 떨치기 어려웠지만 주위를 둘러보며 열매를 신중하게 관찰했습니다.

잠시 후, 나무 위에서 지켜보던 앵무새가 다가와 열매를 쪼아 먹기 시작했고, 곧 이상한 소리를 내며 쓰러졌습니다. 카이는 할머니의 말이 맞았다는 것을 깨닫고 그 열매를 피했습니다.

며칠 후, 그는 겉보기엔 평범한 또 다른 열매를 발견하게
되었습니다. 이번엔 할머니가 설명해준 안전한 열매의 특징
을 잘 기억해 두었던 덕에 조심스럽게 열매를 맛본 후 부족
원들과 나눠 먹을 수 있었습니다.」

　　카이의 분별력은 그의 생존뿐 아니라 부족 전체의 안전을 보장
하는 데 중요한 역할을 했습니다.

　　이처럼 분별력은 지혜와 경험을 통해 형성된 중요한 생존 도구
입니다. 하지만 여기서 주의할 점은, 주관적 감정이나 편견이 개
입된 분별심은 때로 삶을 무겁게 만들 수 있다는 점입니다. 분별
은 본래 우리를 보호해주지만, 지나치게 감정적이거나 편견에 휘
둘리게 되면 오히려 우리의 삶에 불필요한 무게를 더하고 판단을
흐리게 할 수 있습니다.

　　예를 들어, 현대 사회에서도 SNS 속 다른 사람과 나를 비교하
며 스스로 불만족을 느낀다거나, 직장에서 타인의 배경만 보고 그
사람의 실력을 속단하는 것 등이 바로 분별심에 의한 오해에서
비롯된다고 볼 수 있습니다.

　　결국, 본질을 보려는 분별력과 감정이 섞인 분별심의 차이를
이해하는 것이 중요합니다. 분별'력'은 우리의 판단을 현명하게

해주지만, 감정적 요소가 얽힌 분별'심'은 우리를 괴롭히고 사람들과의 관계를 어렵게 만들 수 있습니다.

불교 철학에서 분별심은 '**아상**(我相)'과 밀접한 관련이 있습니다. 아상은 자아와 타자를 구분하고, 이를 기준으로 판단하며, 스스로를 과도하게 인식하거나 강조하는 마음의 상태를 의미합니다. 지나친 자아 집착은 우리의 고통을 키우는 원인이 됩니다. 아상은 세상을 자아 중심적으로 바라보게 하고, 끝없는 욕망과 비교를 일으키며, 불안과 좌절을 초래합니다. 우리가 물질적 부나 명예를 얻기 위해 끊임없이 애쓰지만, 욕망이 충족되지 않을 때 더 큰 고통이 따르는 것처럼 말입니다.

부처님은 아상이 비교와 집착을 통해 우리를 괴롭게 한다고 보셨습니다. 이를 극복하기 위해, '**무아**(無我)'라는 가르침을 통해 아상에서 벗어날 방법을 제시하셨습니다. 무아란 자아가 고정된 실체가 아니라, 모든 것이 상호 의존적으로 변화하고 연결된 존재라는 깨달음을 뜻합니다. 이러한 깨달음은 우리가 고통에서 벗어나 진정한 평화와 자유를 찾는 길을 열어줍니다.

부처님은 아상의 문제를 설명하기 위해 한 농부와 나눈 대화를 예로 드셨습니다.

「어느 날, 한 농부가 부처님을 찾아와 말했습니다.

"저는 이웃의 농작물이 제 것보다 잘 자랄 때 질투가 생기고, 제 농작물이 잘 자랄 때는 자만심이 듭니다. 이 마음을 어떻게 해야 할까요?"

부처님은 미소를 지으며 대답하셨습니다.

"농부여, 너의 마음 속에 있는 분별심이 이러한 고통을 부추기고 있네. 너는 이웃의 농작물과 비교하며 네 자아를 기준으로 모든 것을 판단하고 있지. 하지만 모든 농작물은 각기 다른 조건 속에서 자라며, 그 자체로 완전하다는 것을 이해해야 하네."」

이 대화에서 부처님은 자아 중심적 비교가 어떻게 불만족을 키우고, 진정한 평화로부터 멀어지게 하는지를 지적하셨습니다.

아상은 타인과 나를 끊임없이 비교하게 하고, 거기에서 스스로의 가치를 찾으려 하지만, 이는 오히려 대인 관계에서 오해와 불화를 초래합니다. 타인의 행동이나 결과를 자기 마음대로 해석하는 순간, 우리는 그 사람을 있는 그대로 보지 못하게 됩니다.

도스토옙스키의 소설 『죄와 벌』 속 주인공 라스콜니코프는 자신이 특별한 존재라는 믿음에 사로잡혀 파멸로 치닫습니다. 가난한 대학생이었던 그는 현실을 극복하기 위해 세상을 '평범한 사람'과 '비범한 사람'으로 나누는 이론을 세웠습니다. 그는 비범한 사람은 일반적인 도덕적 규범을 넘어설 권리가 있다고 믿으며, 이를 통해 자신의 행위를 정당화하려 했습니다. 그러나 이러한 분별심은 타인을 쉽게 판단하고, 스스로를 도덕적 기준 위에 올려놓는 위험한 착각으로 그를 이끌었습니다.

그는 '더 큰 선(善)'을 이루겠다는 이유로 노파를 살해하려는 극단적인 결정을 내립니다. 그러나 살인을 저지른 후, 라스콜니코프는 자신의 이론이 얼마나 큰 오류와 모순으로 가득 찼는지 깨닫게 됩니다.

그가 느낀 죄책감은 단순히 불편한 감정이 아니었습니다. 그것은 그의 내면 깊숙한 곳에서부터 올라오는 깨달음이었습니다. 아무리 자신의 행동을 합리화하려 해도, 그의 불안은 멈추지 않았습니다. 결국 라스콜니코프는 잘못된 분별심이 자신을 속박했음을 인정하며, 경찰에 자수하여 자신의 죄를 마주합니다.

라스콜니코프의 이야기는 분별심이 어떻게 우리의 사고를 왜곡하고, 잘못된 판단과 비극으로 이끌 수 있는지를 보여줍니다. 분별심은 때로 우리 자신과 타인을 특정한 기준으로 재단하며, 오히려 더 깊은 갈등과 고통을 초래합니다.

저 또한 인간관계에서 느꼈던 불편함의 원인이 바로 이러한 분별심에서 비롯되었음을 깨달았습니다.

예를 들어, 『어린 왕자』에 등장하는 '코끼리를 삼킨 보아뱀' 그림은 이를 잘 보여줍니다. 어린 왕자가 어른들에게 그림을 보여주었을 때, 어른들은 단순히 모자로 해석했습니다. 그들은 그림을 있는 그대로 보지 않고, 익숙한 틀에 따라 빠르게 판단했던 것입니다. 이처럼 단정적인 판단은 상대를 있는 그대로 보지 못하게 만들고, 관계에서 오해와 갈등을 일으킵니다.

상대를 판단하는 대신, 판단을 내려놓고 관찰하는 연습이 필요합니다. 분별심이 우리를 방해하고 있다는 사실을 자각하고, 공정하고 열린 마음으로 사람들을 바라볼 때, 더 깊고 진정성 있는 관계가 시작될 수 있습니다.

2) 현명한 판단을 위한 자세

우리 모두 살아가면서 종종 스스로를 이런저런 틀 속에 가두는 분별심의 벽을 마주합니다. 누군가를 판단하고, 세상을 단순하게 나누며, 결국엔 우리 자신에게도 엄격한 잣대를 들이대죠. 하지만 이런 분별심이 얼마나 쉽게 우리의 마음을 어지럽히고, 판단을 왜곡하는지 깨닫는 건 쉽지 않습니다.

그렇다면, 어떻게 하면 이런 벽을 넘어 진정으로 현명하고 깊이 있는 시각을 가질 수 있을까요?

허먼 멜빌의 소설 『모비딕』 속 주인공 이슈메일은 그 답을 찾은 사람 중 하나입니다. 그는 바다 위에서의 모험과 도전을 통해, 자신의 편견을 내려놓고 넓은 시야로 세상을 바라보는 법을 배웠습니다. 그의 여정은 우리에게 중요한 교훈을 전합니다. 결국, 우리가 더 지혜롭고 공정한 판단을 내리기 위해 필요한 건 아주 작은 변화에서 시작됩니다.

「스스로를 돌아보고, 열린 마음으로 세상을 바라보기」

1단계: 자기 성찰과 분별심의 영향 깨닫기

이슈메일의 항해는 단순한 모험이 아니었습니다. 그것은 그가 세상을 바라보는 방식, 즉 분별심이 얼마나 많은 착각을 만들어내는지를 깨닫는 여정이었습니다. 평범한 대학 강사였던 그는, 더 넓은 세상을 보기 위해 피쿼드 호에 몸을 실었지만, 처음부터 이 여정은 쉽지 않았습니다. 배 위에서 만난 낯선 사람들, 그리고 그들의 문화는 그에게 익숙함이라는 보호막을 벗어 던질 것을 요구했습니다.

낯선 만남이 던진 질문

퀴퀘그와의 첫 만남은, 이슈메일에게 심장이 얼어붙는 순간이었습니다. 문신으로 가득한 몸, 낮고 거친 목소리, 그리고 폴리네시아 출신이라는 사실까지. 그는 단번에 결론을 내렸습니다.

"이 사람은 위험하다."

퀴퀘그가 같은 방에서 묵게 된 첫날 밤, 이슈메일은 한참을 뜬 눈으로 지새웠습니다. 그는 가방 속에 숨겨둔 작은 칼을 만지작거리며 혼잣말했습니다.

"이 사람에게서 멀어질 방법을 찾아야 해."

하지만 예상과는 다르게, 다음 날 아침 퀴퀘그는 따뜻한 미소로 손을 내밀었습니다. 그는 거친 손으로 자신의 아침 식사를 나눠주며 이렇게 말했습니다.

"친구, 네 몫이야."

이 한마디는 이슈메일의 방어막을 서서히 허물었습니다. 그는 깨닫기 시작했습니다. 자신이 두려워했던 것은 퀴퀘그 그 자체가 아니라, 그의 낯섦이 자신 안의 불안과 맞닿았기 때문이라는 것을요.

분별심은 우리가 만든 감옥

며칠 후, 이슈메일은 퀴퀘그와 함께 고래 사냥에 나서게 되었습니다. 처음엔 서로의 리듬이 맞지 않아 엉키고 실수를 거듭했지만, 어느새 그들은 하나의 팀이 되어 있었습니다. 퀴퀘그의 정확한 판단과 침착한 행동은, 위기의 순간마다 이슈메일의 생명을 구해주었습니다. 이슈메일은 그제야 깨달았습니다.

"내가 처음 느낀 경계심은 사실 내 마음 속의 분별심이라는 감옥에서 비롯된 것이었구나."

퀴퀘그와의 우정은 단순히 그의 마음을 변화시킨 것이 아니었습니다. 그것은 이슈메일에게 삶을 바라보는 새로운 렌즈를 선물했습니다. 그는 더 이상 겉모습과 배경만으로 사람을 판단하지 않았습니다. 대신, 그들의 내면을 들여다보고, 각자의 진정성을 발견하려 애썼습니다.

바다 위에서 스스로를 마주하다

항해가 계속되며, 고요한 바다 위에서 이슈메일은 자신을 깊이 들여다보게 되었습니다. 푸른 수평선을 바라보며 그는 속삭였습니다.

"내가 정말 두려워했던 건 퀴퀘그가 아니라, 그가 내 안의 익숙함을 흔들어 놓을까 봐 두려웠던 내 자신이었어."

바다 한가운데서 그는 처음으로 자신에게 진지하게 물었습니다.

"나는 왜 이토록 익숙함에 매달리는가? 이 낯선 세계가 내게 두려움을 주는 이유는 무엇일까?"

그는 마침내 깨달았습니다. 분별심은 자신을 보호한다고 믿었지만, 사실은 더 넓은 세상으로 나아가지 못하게 가로막는 장애물이었음을요.

2단계: 다양한 관점 수용 – 다른 눈으로 세상을 보다

이슈메일에게 피쿼드 호는 단순한 고래잡이 배가 아니었습니다. 그것은 마치 세상이라는 커다란 도서관의 축소판과 같았습니다. 각기 다른 배경과 이야기를 가진 선원들은 그에게 새로운 책 한 권씩을 선물했습니다. 처음에는 그 모든 것이 혼란스러웠지만, 그는 점차 깨달았습니다.

"내가 알고 있던 세상은 아주 작은 방에 불과했구나."

선실에서 만난 작은 우주

피쿼드 호의 선실은 좁고도 복잡한 공간이었습니다. 뉴잉글랜드 출신의 도덕적이고 신념 강한 스타벅, 현실적이고 계산적인 플라스크, 그리고 언제나 감정이 넘치던 태스테고까지. 그들은 하나같이 독특한 개성과 배경을 지닌 사람들이었고, 그 안에서 살아남기 위해서는 서로의 차이를 이해해야만 했습니다.

하지만 처음엔 쉽지 않았습니다. 이슈메일은 밤마다 혼란스러운 마음으로 스스로에게 되묻곤 했습니다.

"왜 저 사람들은 내게 이렇게 낯설게 느껴질까? 내가 그들을 이해하려 노력해야 할까? 아니면 그들이 나를 따라와야 하는 걸까?"

선장 아합의 집착 속에서 배운 교훈

피쿼드 호의 중심에는 선장 아합이 있었습니다. 그의 한쪽 다리는 모비딕이라는 거대한 고래가 앗아간 것으로, 아합은 그 이후로 고래에 대한 복수심에 사로잡혀 있었습니다. 그는 모든 선원들을 이 목표에 끌어들였습니다.

어느 날, 고래가 나타났다는 소식에 모두가 흥분하는 가운데, 이슈메일은 아합의 표정을 유심히 살폈습니다. 그의 눈빛에는 단순한 복수를 넘어선, 무언가 깊고 어두운 결핍이 담겨 있었습니다.

"저 사람은 단순히 복수를 원하고 있는 게 아니야."

이슈메일은 생각했습니다.

"그의 분노는 고래에게 향하는 것 같지만, 어쩌면 자신의 무력함을 향한 분노일지도 몰라."

이 순간, 이슈메일은 처음으로 누군가의 행동을 단순히 옳고 그름으로 판단하지 않고, 그 이면의 이야기를 들여다보려는 태도를 갖게 되었습니다.

고래잡이 배 위에서 만난 다채로운 이야기들

하루는 플라스크가 이렇게 말했습니다.

"고래잡이에서 중요한 건 손재주야. 철학이나 도덕은 우리를 먹여 살리지 않아."

반면, 스타벅은 그의 의견에 강하게 반대했습니다.

"우리가 도덕적이지 않다면, 무엇을 위해 목숨을 걸겠어? 돈만을 위해 산다는 건 무의미해."

이 두 사람의 대화 속에서, 이슈메일은 처음으로 자신의 관점을 흔드는 질문을 마주했습니다.

"나는 그동안 도덕이 항상 옳다고 믿었지만, 생존 앞에서는 모든 것이 달라질 수도 있는 걸까?"

그는 플라스크의 현실주의와 스타벅의 도덕적 신념 사이에서 균형을 찾으려 노력했습니다. 피쿼드 호의 대화들은 단순한 논쟁이 아니라, 세상을 다각도로 이해할 수 있는 귀한 수업이었습니다.

관점을 확장하며 얻은 깨달음

어느 날, 피쿼드 호가 폭풍에 휩싸였을 때, 선원들은 서로 다른 방식으로 위기를 극복하려 했습니다. 플라스크는 돛을 낮춰 안정성을 높이자고 했고, 스타벅은 위험을 무릅쓰고 돛을 올려 속도를 내자고 주장했습니다.

이슈메일은 처음엔 누구의 말이 옳은지 판단하려 했지만, 곧 깨달았습니다.

"모두가 자신만의 경험과 지혜를 바탕으로 최선의 선택을 하고 있구나. 이 둘을 대립으로 볼 것이 아니라, 서로의 관점을 융합할 방법을 찾아야 해."

그는 선장 아합에게 다가가 두 사람의 의견을 결합한 새로운 방법을 제안했습니다.

"돛을 절반만 내리는 건 어떨까요? 안전을 확보하면서 속도도 어느 정도 낼 수 있을 겁니다."

이 제안은 선원들 사이에서 조화를 이루는 데 기여했습니다.

한계를 넘어 새로운 시야를 얻다

항해가 끝날 무렵, 이슈메일은 자신이 얼마나 많은 변화를 겪었는지를 깨달았습니다.

"나는 처음에 모든 걸 흑백으로만 보려 했어. 옳은 것과 그른 것, 안전한 것과 위험한 것. 하지만 이제는 알겠어. 세상은 한 가지 시각으로만 이해할 수 없는, 복잡하고 아름다운 모자이크야."

그는 더 이상 타인을 단순히 판단하지 않았습니다. 대신, 그들의 이야기를 들으며 이해하려 노력했습니다. 피쿼드 호에서 만난 사람들은 그에게 단순히 동료가 아니라, 세상을 바라보는 창이 되었습니다.

3단계: 공감과 이해 – 상대의 세계를 바라보다

피쿼드 호에서 이슈메일은 공감이 단순히 '안타까워하는 마음' 그 이상의 것임을 배웠습니다. 그것은 상대방의 세계를 진심으로 이해하고 존중하는 태도였습니다. 특히 퀴퀘그와의 우정과 선원들 간의 갈등을 중재했던 경험은, 이슈메일에게 공감이 단순한 감정을 넘어 행동으로 이어질 때 진정한 힘을 발휘한다는 것을 가르쳐 주었습니다.

퀴퀘그와의 우정이 가르쳐준 공감

퀴퀘그는 겉모습만으로는 쉽게 이해하기 힘든 인물이었습니다. 문신으로 덮인 몸, 이국적인 의식, 폴리네시아 출신이라는 배경은 대부분의 선원들에게 경계심을 불러일으켰습니다. 하지만 이슈메일은 시간이 지나면서 퀴퀘그의 따뜻함, 유머, 그리고 강한 충성심을 발견했습니다.

어느 날, 폭풍 속에서 퀴퀘그가 선원을 구하기 위해 망설임 없이 위험에 뛰어드는 모습을 본 이슈메일은 생각했습니다.

"저 사람의 행동은 단지 용기에서 나오는 게 아니야. 그는 타인의 생명을 자신의 생명처럼 소중히 여길 줄 아는 사람이야."

이슈메일은 퀴퀘그의 세계를 이해하기 위해 그의 종교적 의식을 존중하며 함께 시간을 보냈습니다. 낯선 풍경 속에서 그는 이렇게 깨달았습니다.

"공감이란 단순히 상대를 안타깝게 여기는 게 아니구나. 그것은 상대가 서 있는 곳에 서서, 그의 눈으로 세상을 바라보는 일이야."

갈등 속에서의 공감과 중재

피쿼드 호는 다양한 배경과 성격을 가진 선원들로 가득 찬 작은 사회였습니다. 이런 환경에서는 자연스럽게 갈등이 일어날 수밖에 없었습니다.

한 번은 플라스크와 스타벅 사이에 큰 다툼이 벌어졌습니다. 플라스크는 고래 사냥 중 선장의 명령을 더 우선시해야 한다고 주장했고, 스타벅은 선원의 안전이 최우선이라고 맞섰습니다. 상황은 점점 격화되었고, 배 전체의 분위기가 어수선해졌습니다.

이때 이슈메일은 양쪽의 입장을 차분히 들었습니다. 그는 플라스크에게는 "네가 사냥의 중요성을 강조하는 이유를 이해해"라고 말하며 그의 입장을 인정했고, 스타벅에게는 "안전에 대한 네 염려는 당연해"라며 그의 마음을 진심으로 받아들였습니다.

이후 그는 두 사람에게 타협점을 제안했습니다.

"우리 모두 안전하게 사냥을 성공시키기 위해, 각자의 역할과 책임을 더 분명히 정하는 게 어떨까요?"

그의 이성적이면서도 따뜻한 태도는 갈등을 해결했고, 선원들 간의 신뢰를 회복시키는 계기가 되었습니다.

공감을 행동으로 옮기다

공감은 단순히 감정에 머무르는 것이 아닙니다. 이슈메일은 공감을 바탕으로 행동하며, 자신이 속한 공동체를 더 나은 방향으로 이끌었습니다.

한 선원이 부상을 입었을 때, 이슈메일은 다른 사람들과 함께 그의 업무를 나눠 맡으며 그가 회복할 시간을 제공했습니다. 그 과정에서 그는 깨달았습니다.

"공감이란 말로만 상대를 이해하는 것이 아니라, 그들을 위해 기꺼이 무언가를 하는 것이구나."

4단계: 감정의 관리와 균형

피쿼드 호에서의 삶은 고요함과는 거리가 멀었습니다. 고래 사냥의 긴박한 순간들, 선장 아합의 명령으로 인한 갈등, 그리고 바다의 무자비한 폭풍은 이슈메일의 감정을 끊임없이 흔들었습니다. 그러나 그는 이 모든 상황 속에서 감정을 억누르기보다, 그것을 인정하고 조율하며 더 나은 판단을 내리는 법을 배웠습니다.

폭풍 속에서 감정을 직면하다

어느 날, 피쿼드 호는 거대한 폭풍에 휩싸였습니다. 선원들은 혼란에 빠졌고, 두려움은 배 전체를 마비시키는 듯했습니다. 이슈메일 역시 두려움과 불안에 휩싸였지만, 그는 곧 깨달았습니다.

"이 감정을 억누르려 하면 더 큰 혼란이 올 거야. 두려움은 자연스러운 것이고, 나를 지키려는 신호일 뿐이야."

그는 깊게 숨을 들이마시며 스스로에게 말했습니다.

"두려움이 나를 삼키도록 놔두지 말자. 대신, 이 감정을 통해 내가 해야 할 일을 찾자."

그는 선원들을 차분히 독려하며, 각자가 맡은 임무를 끝까지 수행하도록 도왔습니다. 그의 침착함은 선원들에게 안정감을 주었고, 폭풍 속에서도 배는 안전하게 항로를 유지할 수 있었습니다.

아합의 명령과 감정의 균형 찾기

아합 선장은 때로는 자신의 복수심 때문에 위험한 결정을 내리곤 했습니다. 이슈메일은 이런 상황에서 감정적으로 반응하기보다, 자신의 감정을 관찰하며 최선의 선택을 고민했습니다.

어느 날, 아합이 선원들에게 과도한 위험을 요구했을 때, 이슈메일은 스스로에게 물었습니다.

"지금 내가 느끼는 분노는 아합 때문일까? 아니면 그의 결정을 받아들이기 어려워하는 내 자존심 때문일까?"

그는 자신의 감정을 가라앉힌 뒤, 아합과 논리적으로 대화하며 설득을 시도했습니다. 그의 침착한 태도는 선원들에게도 이성적으로 상황을 판단할 여유를 주었습니다.

감정을 인정하며 배우다

감정을 억누르는 것이 아니라, 그것을 직면하고 조율할 때 우리는 더 나은 결정을 내릴 수 있습니다. 이슈메일은 이를 깊이 깨달았습니다.

"두려움이나 분노 같은 감정은 내가 내리는 판단의 걸림돌이 아니라, 올바른 방향으로 가기 위한 나침반이 될 수 있어."

그는 감정의 흐름을 이해하고 그것을 지혜로 전환하는 방법을 배웠습니다. 이를 통해 그는 선원들 사이에서 신뢰받는 존재로 자리 잡았고, 가장 혼란스러운 상황에서도 모두를 이끄는 등대와 같은 역할을 할 수 있었습니다.

공감과 감정 관리는 이슈메일이 피쿼드 호에서 배운 가장 중요한 교훈 중 하나였습니다.

그는 말로만 공감하는 사람이 아니었습니다. 그는 상대의 입장을 이해하고, 그것을 행동으로 실천하며 공동체의 조화를 이루는 방법을 보여주었습니다. 또한, 그는 자신의 감정을 억누르기보다 그것을 지혜롭게 다루며, 가장 극적인 순간에도 균형을 유지하는 법을 배웠습니다.

결국 이슈메일의 여정은 단순한 항해가 아니라, 내면의 풍랑 속에서도 **'중심을 잃지 않는 법'**을 배우는 과정이었습니다.

3) 세상을 있는 그대로 바라보기

어느 날 친구와 산책을 하다 문득, 그가 나무를 바라보며 이렇게 말했습니다.

"저 나무는 정말 강인해 보여."

그 말에 나는 깜짝 놀랐습니다. 나는 나무를 보며 전혀 다른 생각을 하고 있었거든요.

'저 나무는 참 쓸쓸해 보인다.'

고요한 공원 한가운데 덩그러니 서 있는 나무가 나에겐 외로워 보였던 겁니다. 같은 나무를 보며 이렇게 다른 느낌을 받는 이유는 무엇일까요?

아마도 우리가 저마다 가지고 있는 **'분별심'**이라는 렌즈 때문일 겁니다. 이 렌즈는 우리가 살아오면서 겪은 경험, 감정, 그리고 마음속 이야기들로 만들어진 것이라서, 같은 대상을 보고도 각기 다른 해석을 하게 만듭니다.

'분별심'은 우리의 삶에서 자연스럽게 작동합니다. 하지만 문제는 이 렌즈가 때로는 너무 두꺼워져서, 세상을 있는 그대로 보지 못하게 한다는 데 있습니다. 이 두꺼운 렌즈는 우리가 사람들을 판단하고, 오해를 쌓으며, 때로는 고통을 키우게 합니다. 나무의 외로움과 강인함을 동시에 볼 수 없다면, 사람들에 대한 우리의 해석 또한 얼마나 좁고 제한적일지 생각해보게 됩니다.

최근에 저는 이런 분별심이 나와 사람들 사이에 불필요한 벽을 쌓고 있다는 것을 깨달았습니다. 예를 들어, 처음 만난 사람과 대화를 나눌 때, 저는 종종 그 사람의 말투나 옷차림 같은 겉모습에 따라 '저 사람은 이렇겠지'라고 추측하곤 했습니다. 하지만 시간이 지나고 나면, 내가 내린 판단이 얼마나 틀렸는지 깨닫게 되는 경우가 많았습니다.

친구와 나눈 대화에서도 이런 일이 있었습니다. 제가 어떤 문제를 이야기하며 도움을 요청했을 때, 친구가 "그냥 좀 더 긍정적으로 생각해 봐"라고 말한 적이 있었습니다. 그 순간 나는 속으로 이렇게 생각했죠.

'저 사람은 내 상황을 전혀 이해하지 못하는구나.'

하지만 며칠 뒤, 친구가 어렵게 입을 열었습니다.

"사실, 네 이야기를 들으면서 어떻게 위로해야 할지 몰라서 그랬어. 나도 네 마음을 헤아리고 싶었는데, 제대로 표현하지 못했어."

그제야 깨달았습니다. 제가 판단했던 그 순간, 친구를 있는 그대로 보지 못하고, 내 기준으로만 해석했었다는 사실을요. 우리는 세상을 있는 그대로 보기 위해 무엇을 할 수 있을까요?

답은 간단합니다. **판단을 멈추고 관찰**하는 것입니다.

로저스라는 심리학자는 "진정한 만남은 판단하지 않는 태도에서 시작된다"라고 말했습니다. 하루 동안 이런 연습을 해보세요. 길을 걷다가 마주친 사람이나 상황을 볼 때, 즉각적으로 판단하지 말고 그냥 바라보는 겁니다. 그 사람이 왜 저렇게 행동하는지 추측하지 않고, 그저 있는 그대로의 모습을 관찰해보는 거죠.

예를 들어, 길에서 누군가 걸음을 서두르고 있다면, "저 사람은 급한 성격이구나"라고 단정 짓지 말고, 단순히 '빠르게 걷고 있다'라는 사실만 받아들이는 겁니다.

이렇게 단순한 관찰로 시작하면, 우리는 우리의 렌즈를 점점 더 투명하게 만들 수 있습니다. 렌즈가 얇아질수록, 우리는 더 많은 것을 보고 느낄 수 있게 됩니다.

어떤 이들은 이런 질문을 할지도 모릅니다.

"세상을 있는 그대로 본다는 게 정말 가능할까요?"

물론 완벽하게는 어려울지도 모릅니다. 하지만 중요한 건, 우리가 그 방향으로 나아가려고 노력하는 것입니다. 분별심을 내려놓는 연습은 우리를 더 자유롭게 합니다. 사람들에 대해 더 많은 것을 이해하고, 관계를 더 풍요롭게 만듭니다. 그리고 무엇보다, 우리의 삶을 덜 복잡하게 만들죠.

다음번에 누군가와 대화를 나눌 때, 혹은 어떤 상황에 직면했을 때, 한번 이런 생각을 해보세요.

"내가 보고 있는 건 사실이 아니라, 내가 만든 해석일지도 몰라."

그 순간, 세상이 조금 더 다르게 보일 겁니다. 나무가 단지 강인하거나 쓸쓸한 존재가 아니라, 그 자체로 완전한 존재임을 깨닫게 되는 것처럼요. 분별심이라는 렌즈를 내려놓고, 세상을 있는 그대로 바라볼 때, 진짜 삶의 아름다움이 우리 앞에 펼쳐질 것입니다.

세상을 새롭게 바라보다: 관념과 개념의 전환

1) 관념과 개념이 정확히 뭐지?

우리는 매일 익숙한 풍경 속에서 살아갑니다. 익숙함은 마치 오래된 친구처럼 우리를 편안하게 감싸주지만, 동시에 우리를 보이지 않는 틀 안에 가둬두기도 합니다. 그 틀의 이름이 바로 관념과 개념입니다. 이 두 가지가 어디에서 왔는지, 그리고 우리의 시야를 얼마나 제한하는지를 알아야 그로부터 벗어날 수 있습니다.

'관념(觀念, Idea)'은 우리가 경험한 것을 바탕으로 만들어진 추상적인 생각입니다. 쉽게 말해, 우리가 보고, 듣고, 느낀 모든 것들이 머릿속에서 하나의 이미지로 모여 만들어진 것이죠. 예를 들어, '사과'라는 말을 들었을 때 떠오르는 빨갛고 둥근 모양. 이건 단순한 사과가 아니라, 우리가 사과라고 믿는 관념입니다. 그런데 이 관념이 언제나 진실을 보여주는 것은 아닙니다.

철학자 플라톤은 우리가 보는 세상이 단지 이데아의 그림자에 불과하다고 말했습니다. 우리가 본다고 믿는 것들은 진짜의 모양이 아니라, 그것의 흐릿한 복사본이라는 겁니다. 심리학에서는 우리의 관념이 감각과 기억의 조합으로 이루어진다고 설명합니다. 즉, 우리는 경험을 통해 세상을 이해하려 하지만, 그 이해가 얼마나 제한적이고 왜곡될 수 있는지를 알지 못합니다.

이 점을 가장 잘 보여주는 작품 중 하나가 바로 영화 『매트릭스』입니다. 영화 속 사람들은 매트릭스라는 가상 현실을 진짜 현실로 믿고 살아갑니다. 네오가 빨간 약을 삼키고 매트릭스 밖의 진짜 현실을 마주했을 때, 그는 자신이 얼마나 거짓된 관념 속에 갇혀 있었는지를 깨닫게 되죠. 관념은 우리를 보호해주는 것 같지만, 때로는 우리가 진짜 세상을 보지 못하게 하는 벽이 될 수 있습니다.

'**개념**(槪念, Concept)'은 특정한 대상을 이해하기 위해 만들어진 더 체계적이고 논리적인 틀입니다.

예를 들어, '나무'라는 개념은 참나무, 소나무, 단풍나무 같은 다양한 종류의 나무를 하나로 묶어 이해하게 합니다. 개념은 우리가 세상을 정리하고 설명하는 데 큰 도움을 주지만, 그 개념이 잘못된 방향으로 쓰인다면 우리의 사고를 제한하는 족쇄가 될 수도 있습니다.

조지 오웰의 소설 『1984』는 개념이 어떻게 사람들을 통제하고 억압하는 도구로 쓰일 수 있는지를 적나라하게 보여줍니다. '뉴스피크(Newspeak)'는 정부가 창조한 새로운 언어로, 기존 언어를 단순화하고 단어 수를 줄여 사람들의 사고를 제한하려는 의도로 만들어졌습니다. 단어가 사라지면 생각도 사라집니다. 복잡한 사고를 할 수 없게 된 사람들은 결국 정부가 제공하는 개념만을 진실로 믿게 됩니다.

"전쟁은 평화다", "자유는 예속이다" 이런 모순된 구호는 이중사고라는 개념을 통해 사람들의 비판적 사고를 마비시킵니다. 사람들은 모순을 자연스럽게 받아들이고, 더 이상 의문을 품지 않게 되죠. 개념이 단순히 도구가 아니라, 사람들을 통제하는 강력한 무기가 되는 순간입니다.

우리 모두는 관념과 개념의 틀 속에서 살아갑니다. 익숙한 사고방식, 기존의 믿음, 주어진 규칙들. 그것들이 우리의 세상을 전부라고 믿게 만듭니다. 하지만 네오가 매트릭스에서 깨어난 것처럼, 우리도 그 틀을 깨고 나올 용기를 가져야 합니다.

이 틀을 깨려면 끊임없이 질문을 던져야 합니다.

"내가 지금 믿고 있는 것은 어디에서 왔을까?", "이 믿음이 나를 더 나은 방향으로 이끄는가, 아니면 나를 제한하는가?" 이런 질문을 통해 우리는 자신이 얼마나 좁은 시야 속에서 살고 있었는지를 깨닫게 됩니다.

예를 들어, 성공이라는 개념을 생각해봅시다. 우리는 종종 성공을 높은 연봉, 좋은 집, 안정적인 직업 같은 외적인 요소로 정의합니다. 하지만 이런 기준은 누가 만든 걸까요? 어쩌면 성공은 남이 정해준 길을 따르는 것이 아니라, 나만의 목표를 발견하고 그 목표를 향해 가는 과정일지도 모릅니다.

『매트릭스』와 『1984』는 우리에게 중요한 메시지를 전합니다. 관념과 개념은 우리가 세상을 이해하고 살아가는 데 필수적이지만, 그것이 너무 강력해지면 오히려 우리를 가두는 틀이 될 수 있다는 점입니다. 이 틀에서 벗어나야 우리는 더 넓은 세상과 만날 수 있습니다.

물론, 틀을 깨는 일은 쉽지 않습니다. 익숙했던 것을 버리는 것은 두려움을 동반합니다. 하지만 그 과정을 통해 우리는 더 큰 가능성과 자유를 발견할 수 있습니다. 내가 만든 관념과 개념의 틀에서 벗어나기 시작할 때, 세상은 더 이상 '헬'이 아니라 우리만의 빛나는 가능성으로 가득한 '핑크빛' 세상이 될 것입니다.

2) 한계를 깨고 새로운 사고방식 채택하기

고정된 사고방식에서 벗어나 상상력과 창의력을 통해 새로운 가능성을 열어가는 여정을, 루이스 캐럴의 소설 『이상한 나라의 앨리스』를 통해 살펴보려 합니다. 앨리스가 익숙한 현실을 떠나 이상한 나라로 모험을 떠나며 겪는 신기한 경험들은, 우리가 기존의 논리와 개념에 얽매이지 않고 어떻게 새로운 사고방식을 받아들일 수 있는지 보여줍니다.

1단계: 기존의 개념과 관념에 도전하기

앨리스는 일상의 단조로움 속에서 새로운 세계를 꿈꿨습니다. 하얀 토끼를 따라가며 호기심 가득한 발걸음을 내디딘 그녀는, 예상치 못한 전환점을 맞이합니다. 갑작스레 끝없는 토끼굴로 떨어진 순간, 앨리스는 익숙한 현실의 경계를 넘어선 혼란과 경이의 세계에 발을 들였습니다. 그곳은 그녀가 알고 있던 모든 규칙과 논리가 무너진, 전혀 다른 차원의 공간이었습니다.

토끼굴 아래에서 펼쳐진 세상은 앨리스의 상상조차 초월한 것이었습니다. 그녀는 크기가 커졌다 작아졌다를 반복하며 자신의 정체성마저 흔들리는 경험을 합니다.

"나는 진짜 앨리스일까?"라고 스스로에게 묻는 순간, 그녀는 처음으로 자신에 대한 고정된 개념을 의심하기 시작합니다. 우리가 일상 속에서 '나는 이런 사람이야'라고 굳게 믿어온 생각이, 실은 얼마나 쉽게 흔들릴 수 있는 것인지 앨리스의 혼란스러움이 고스란히 드러냅니다.

이어지는 여정 속에서 앨리스는 기이한 생명체들과의 만남을 통해 기존의 관념을 도전받습니다. 말하는 토끼, 노래하는 꽃, 그리고 사라지면서 미소만 남기는 체셔 고양이까지— 모두가 그녀를 기존의 사고방식에서 한 걸음씩 멀어지게 만듭니다. 체셔 고양이는 불쑥 나타났다 사라지면서 이렇게 말합니다.

"어디로 가고 싶은지 모른다면, 어느 길로 가든 상관없어."

이 말은 앨리스뿐 아니라 우리를 고정된 관념에 도전하게 만듭니다. 우리는 과연 어느 방향으로 나아가고 있는지, 그리고 그 방향이 정말로 우리의 선택인지 돌아보게 합니다.

특히 체셔 고양이가 사라지면서 남긴 미소는 앨리스에게 또 다른 깨달음을 줍니다. 눈앞의 현실은 단단하고 분명해 보이지만, 실은 유동적이고 모호할 수 있다는 점입니다. 현실이 고정된 것이 아니라, 보는 사람의 시각과 경험에 따라 달라질 수 있다는 깨달음은 앨리스에게 기존의 틀을 깨는 첫걸음이 됩니다. 마치 우리가 익숙하다고 믿는 현실의 법칙이, 다른 환경에서는 전혀 다른 형태로 작동할 수 있는 것처럼 말이죠.

앨리스의 여정은 단순히 비논리적인 세상에 대한 적응이 아니라, 자신이 믿어온 고정관념을 하나씩 해체하는 과정입니다. 그녀는 익숙했던 모든 것을 의심하며, 새로운 시각으로 세상을 바라보는 법을 배우기 시작합니다. 우리가 일상 속에서 느끼는 혼란과 불확실함도 이와 같지 않을까요? 낯선 상황에 마주할 때 느끼는 당혹감은 사실, 더 넓은 시야를 갖기 위한 시작점일지도 모릅니다.

「질문거리」

• 자아 정체성에 대한 도전
앨리스가 자신의 정체성을 의심하게 된 것처럼, 나는 나 자신에 대해 얼마나 확신하고 있을까요? 내가 믿는 나의 모습은 진정한 나일까요, 아니면 익숙함 속에서 만들어진 틀일까요?

• 고정관념의 도전
앨리스가 만난 기이한 생명체들은 그녀의 고정관념을 뒤흔들었습니다. 나는 어떤 고정관념 속에서 스스로를 제한하고 있을까요? 그 고정관념을 깰 수 있는 첫걸음은 무엇일까요?

• 현실의 유동성
체셔 고양이가 남긴 미소처럼, 현실은 고정된 틀이 아니라 유동적일 수 있습니다. 나는 내 현실을 얼마나 고정된 관점에서 보고 있나요? 지금 내 삶에서 변화의 가능성이 있는 부분은 어디일까요?

• 일상 속 혼란과 당혹감
앨리스가 새로운 세계에서 혼란을 느꼈듯, 나도 일상 속에서 경험한 혼란을 통해 무엇을 배웠나요? 그 혼란이 내 사고방식을 변화시키는 데 어떤 기회를 주었는지 돌아볼 수 있을까요?

2단계: 새로운 개념과 관념을 수용하기

앨리스는 이상한 나라에서 익숙한 세계의 규칙이 통하지 않는 현실을 마주하며, 그 안에서 새로운 개념과 관념을 받아들이는 법을 배웁니다. 그녀의 여정은 혼란스럽고 낯설지만, 바로 그 낯섦이 그녀를 성장하게 만드는 원동력이 됩니다. 앨리스는 기존의 사고방식을 벗어던지고, 상상력과 유연한 사고를 통해 변화의 물결에 스스로를 맡깁니다.

예를 들어, 앨리스는 모자 장수와의 대화에서 시간이란 개념이 그녀가 알고 있던 것과 다르게 작동한다는 사실을 깨닫게 됩니다. 모자 장수는 '시간과 싸운 이후로' 항상 6시에 머물러 있다고 말합니다. 그의 세상에서는 시간이 흘러가는 것이 아니라, 고정된 순간에 갇히는 것이 가능합니다. 앨리스는 이를 통해 시간이 단순히 시계 바늘의 움직임이나 하루의 흐름만을 의미하지 않음을 깨닫습니다. 이는 그녀로 하여금 시간에 대한 고정관념을 내려놓고, 더 유연하게 사고하도록 이끕니다. 시간이란 우리의 관점과 맥락에 따라 전혀 다른 모습으로 다가올 수 있다는 깨달음은, 앨리스가 세상을 새로운 방식으로 이해하도록 돕는 계기가 됩니다.

또 다른 예로, 체셔 고양이와의 만남은 앨리스에게 존재와 비존재의 경계를 재정의하는 순간을 선사합니다. 체셔 고양이는 자신의 몸을 자유롭게 나타내고 사라지게 하며, 때로는 미소만 남기고 사라지기도 합니다.

앨리스는 이러한 경험을 통해 "눈에 보이는 것만이 실재일까?"라는 질문을 던지며, 실재와 허상의 경계가 얼마나 흐릿할 수 있는지 깨닫습니다. 고양이의 미소가 사라지지 않고 남아 있는 것을 바라보며, 앨리스는 우리가 진짜라고 믿는 것이 때로는 얼마나 유동적이고 관점에 따라 달라질 수 있는지 체감합니다. 앨리스는 이상한 나라에서 끊임없이 새로운 개념과 관념을 접하며, 이들을 두려워하거나 거부하지 않고 기꺼이 탐구합니다.

그녀는 '이해할 수 없는 것'을 새로운 가능성으로 받아들이며, 그 과정을 통해 점점 더 넓은 시야와 깊은 통찰을 얻어갑니다. 앨리스의 이런 태도는 우리가 새로운 환경과 상황에 직면했을 때 어떻게 반응해야 하는지 보여줍니다. 익숙하지 않은 것을 두려워하기보다는, 그것을 성장의 기회로 바라보는 용기와 유연함이 필요하다는 것을요.

「질문거리」

• 시간에 대한 개념
앨리스가 시간이 고정되지 않고 유동적이라는 사실을 깨달은 것처럼, 나는 시간에 대해 어떤 고정된 생각을 가지고 있을까요? 시간을 절대적인 규칙으로 여기는 태도가 나의 삶과 선택에 어떤 영향을 미치고 있는지 고민해볼 수 있습니다. 나에게 시간의 유연성이란 어떤 의미일까요?

• 존재와 비존재의 경계
체셔 고양이의 미소가 남는 장면처럼, 나는 눈에 보이지 않지만 나에게 영향을 미치는 요소들을 얼마나 인식하고 있을까요? 나의 가치관이나 신념 중 무엇이 실재적이고, 무엇이 고정된 관념에 불과한지 다시 생각해볼 수 있습니다.

• 새로운 사고방식 수용
앨리스가 이상한 나라에서 경험한 새로운 개념들을 받아들인 것처럼, 나는 내 삶에서 새로운 사고방식을 수용하기 위해 어떤 노력을 하고 있을까요? 기존의 틀을 넘어 새로운 관점을 받아들이기 위해 어떤 태도가 필요할까요?

• 모자 장수의 티타임
모자 장수의 끊임없이 반복되는 티타임처럼, 나는 일상의 루틴에 갇혀 있지는 않을까요? 이 루틴에서 벗어나 더 창의적이고 유연하게 변화를 받아들이기 위해 내가 실천할 수 있는 작은 변화는 무엇일까요?

3단계: 기존의 개념과 관념을 벗어던지기

앨리스는 이상한 나라에서 끊임없이 변하는 상황 속에서 기존의 개념과 관념을 완전히 벗어던지는 경험을 합니다.

그녀가 체스판 위에서 말처럼 움직이는 여정은 단순한 이동이 아니라 고정된 사고방식을 넘어 새로운 규칙과 가능성을 탐구하는 과정입니다. 앨리스는 체스판의 칸을 뛰어넘으며 퀸으로 승격하기 위한 도전을 감행합니다. 익숙했던 규칙은 이제 더 이상 안전망이 되지 않고, 오히려 발목을 잡는 족쇄처럼 느껴지기 시작합니다. 체스판 위에서의 모험은 앨리스가 기존의 틀에 갇힌 사고를 내려놓는 시작점이었습니다.

"나는 그저 말일 뿐인가?"라는 질문에서, 그녀는 단순히 이동하는 말이 아닌 보드 전체를 바라보는 새로운 시각을 배우게 됩니다. 그녀는 자신의 위치를 넘어 판 전체를 이해하는 법을 익히며, 기존의 관념이 만들어 놓은 한계를 스스로 허물어갑니다.

이 과정에서 만난 트위들디와 트위들덤은 앨리스에게 언어와 의미의 경계를 재정립하는 기회를 제공합니다. 그들의 대화는 한편으로는 웃음을 자아내지만, 다른 한편으로는 "언어는 정말 진실을 담고 있는가?"라는 깊은 질문을 던지게 합니다.

예를 들어, 그들이 "어느 방향으로도 가지 않는 길은 항상 네가 원하는 곳으로 간다"라고 말했을 때, 앨리스는 혼란스러웠지만 결국 이 말이 가지고 있는 자유와 가능성의 메시지를 이해하게 됩니다. 우리의 언어와 사고는 얼마나 자주 스스로를 묶어두고 있는지 생각해볼 수밖에 없게 만드는 순간이었습니다.

하트의 여왕과의 대면은 앨리스가 권위에 대한 두려움을 극복하는 상징적 장면입니다. 여왕은 끊임없이 "목을 쳐라!"라고 외치며 자신의 권위를 과시하지만, 앨리스는 점차 그 명령이 공허하다는 사실을 깨닫습니다.

"왜 내가 이 목소리에 복종해야 하지?"라는 질문은 여왕의 권위를 무너뜨리고, 자신의 판단과 자율성을 되찾는 계기가 됩니다. 여왕이 만들어 놓은 공포의 기운은 사실 허상에 불과했고, 앨리스가 이를 깨달은 순간 그녀는 더 이상 그 세계의 질서에 얽매이지 않게 됩니다.

마침내 앨리스는 꿈에서 깨어납니다. 그러나 그 꿈은 단순히 환상에 그치지 않았습니다. 그녀는 이상한 나라에서의 경험을 통해 새로운 사고방식과 더 넓은 시야를 가지게 되었습니다. 이는 그녀가 현실에서도 고정된 개념과 관념을 벗어나 자유롭고 창의적인 사고를 할 수 있도록 만들어준 전환점이었습니다.

「질문거리」

• 새로운 규칙과 가능성 탐구

앨리스가 체스판 위에서 새로운 규칙을 배우며 자신의 위치를 재정립했던 것처럼, 나는 지금 어떤 문제를 기존의 방식이 아닌 새로운 관점에서 바라볼 수 있을까요? 내가 만들어 놓은 규칙이 나를 제한하고 있지는 않은지 고민해보세요.

• 언어와 의미의 한계

트위들디와 트위들덤의 대화를 통해 앨리스가 언어의 유연성을 이해했던 것처럼, 나는 내가 사용하는 단어나 표현이 얼마나 제한적인지 점검해볼 수 있습니다. 내가 믿고 있는 언어적 틀이 진실을 왜곡하거나 오해를 낳고 있지는 않나요?

• 권위와 규칙에 대한 도전

하트의 여왕에게 도전했던 앨리스처럼, 나는 내 삶에서 어떤 권위나 규칙에 도전할 수 있을까요? 내가 따르고 있는 규칙이 정말로 필요하거나 의미 있는 것인지, 아니면 단지 관습적으로 수용한 것인지 점검해보세요.

• 꿈 속 경험의 현실 적용

앨리스가 꿈 속 경험을 통해 현실에서도 자유롭고 창의적인 사고를 하게 된 것처럼, 나는 나의 상상이나 꿈을 현실 문제 해결에 어떻게 적용할 수 있을까요? 지금 내가 해결하고자 하는 문제에 상상력을 더해볼 방법은 무엇인가요?

4단계: 새로운 시각과 통찰을 통해 성장하기

앨리스는 이상한 나라에서의 모험을 통해 끊임없이 변하는 상황에 적응하며 기존의 개념과 관념을 벗어던졌습니다. 그녀가 얻은 새로운 시각과 통찰은 단순히 이상한 나라에서의 이야기에 머무르지 않고, 그녀의 내면 깊숙한 곳에 변화를 가져옵니다. 앨리스의 모험은 성장의 과정이었고, 그녀가 이전에는 알지 못했던 자신과 세상을 이해하는 여정이었습니다.

하트의 여왕 재판은 그 변화를 상징하는 강렬한 장면 중 하나입니다. 재판장은 혼란과 부조리로 가득 차 있습니다. 법칙은 없고, 논리는 뒤틀려 있으며, 재판의 결과는 여왕의 기분에 따라 결정됩니다.

"목을 쳐라!"라는 여왕의 외침은 공포를 자아내지만, 앨리스는 점차 그 외침이 허상임을 깨닫습니다. 그녀는 여왕이 지닌 권위의 허구성을 꿰뚫어 보고, 스스로를 두려움에서 해방시킵니다. 앨리스의 한마디, "당신은 진짜 여왕이 아니에요!"는 그녀가 더 이상 외부의 권위나 규칙에 얽매이지 않는다는 선언이자, 자신의 힘을 깨달은 순간입니다.

앨리스는 체셔 고양이를 떠올립니다. 고양이의 미소는 끝까지 사라지지 않으며, 그녀에게 묻습니다.

"무엇이 현실이고 무엇이 환상인가요?"

이 질문은 앨리스의 마음속에 남아, 그녀로 하여금 자신이 보고 믿는 것들에 대해 끝없이 질문하게 만듭니다. 그녀는 이 질문을 통해 세상에 대한 고정된 관념을 넘어, 무엇이 진실인지에 대한 깊은 고민을 시작합니다.

꿈에서 깨어난 앨리스는 자신이 경험했던 모든 것이 단지 환상일 수도 있다는 사실을 깨닫습니다. 하지만 그 환상 속에서 그녀가 배운 것들은 결코 사라지지 않습니다. 앨리스는 그 꿈이 현실에 대한 새로운 이해와 통찰을 선물했다고 느낍니다. 그녀는 더 이상 자신을 제한하지 않습니다. 이제 그녀는 세상을 고정된 규칙이나 관념의 틀로 보지 않고, 유연하고 열린 마음으로 대하기 시작합니다.

「질문거리」

• 기존의 사고방식에서 벗어나기
앨리스가 하트의 여왕 앞에서 자신의 두려움을 극복한 것처럼, 나는 나를 억압하는 고정된 사고방식이나 외부의 권위로부터 자유로워질 수 있을까요?
내 삶에서 "목을 쳐라!"와 같은 외침은 무엇이며, 나는 그것에 어떻게 대처할 수 있을까요?

• 논리적이지 않은 상황에서의 적응력
앨리스가 혼란스럽고 비논리적인 상황 속에서도 자신을 잃지 않았던 것처럼, 나는 예측할 수 없는 상황에서 어떻게 적응할 수 있을까요? 논리가 통하지 않는 순간에 내가 취할 수 있는 가장 창의적이고 유연한 접근은 무엇일까요?

• 꿈과 현실의 통합
앨리스가 꿈에서 배운 것을 현실에 적용한 것처럼, 나는 나의 상상력이나 환상이 현실 문제를 해결하는 데 어떻게 기여할 수 있을지 고민해볼 수 있습니다. 내가 최근에 떠올린 상상이나 아이디어 중 현실에서 활용할 수 있는 것은 무엇인가요?

• 권위와 규칙에 대한 도전
앨리스가 하트의 여왕의 권위에 도전했던 것처럼, 나는 어떤 고정된 규칙이나 권위에 도전할 수 있을까요? 그것이 잘못되었음을 깨닫고, 나만의 자율성과 진실을 찾기 위해 나는 무엇을 할 수 있을까요?

앨리스의 이상한 나라에서의 여정은 단순한 모험 그 이상입니다. 그녀의 경험은 우리에게 기존의 개념과 관념을 벗어나 새로운 시각과 통찰을 통해 성장하는 방법을 보여줍니다. 앨리스는 기존의 틀에 얽매이지 않고, 끊임없이 변화하는 환경 속에서 적응하며 자신만의 독창적인 길을 찾아갔습니다. 이를 통해 우리는 그녀의 여정에서 중요한 교훈을 얻을 수 있습니다.

첫째, 기존의 개념과 관념에 도전하는 용기가 필요합니다. 앨리스는 하트의 여왕 앞에서 두려움을 극복하며, 기존의 권위와 규칙이 진정한 힘이 아니라는 것을 깨달았습니다. 우리 역시 고정된 사고방식이나 사회적 규범에 얽매여 있다면, 스스로에게 질문을 던져야 합니다.

"이것이 정말 절대적인 것일까? 아니면 내 생각이 만들어낸 틀일 뿐일까?" 고정된 틀을 깨는 첫걸음은 늘 두렵지만, 그 너머에는 놀라운 가능성이 존재합니다.

둘째, 새로운 환경에 적응하며 유연하게 사고하는 법을 배워야 합니다. 앨리스는 계속해서 예상치 못한 사건들과 마주합니다. 하지만 그녀는 그러한 혼란을 있는 그대로 받아들이고, 새로운 규칙에 적응하며 배워나갑니다.

이는 우리가 비논리적이거나 통제할 수 없는 상황 속에서 어떻게 유연성을 발휘해야 하는지를 보여줍니다. 삶의 예측 불가능한 순간들은 때로는 우리를 혼란스럽게 하지만, 그 혼란 속에서 성장의 가능성이 피어오릅니다. 모자 장수와의 대화에서 앨리스가 배운 '시간'의 개념처럼, 기존의 사고를 내려놓고 새로운 시각을 받아들이는 것이 중요합니다.

셋째, 자기 성찰과 인식의 중요성을 잊지 말아야 합니다. 앨리스는 이상한 나라에서 자신에 대해 깊이 고민하게 됩니다. 그녀는 "내가 누구인가?"라는 질문을 반복하며, 자신이 알고 있던 정체성에 의문을 던졌습니다.

이러한 자기 성찰은 때로는 혼란을 불러일으키지만, 결국에는 내면의 성장을 이끄는 원동력이 됩니다. 우리 역시 자신에 대해 스스로 질문하고, 나의 신념과 가치관이 어디에서 왔는지 탐구하는 과정을 통해 더 깊이 이해할 수 있습니다.

마지막으로, 새로운 시각과 통찰을 통해 지속적으로 성장하는 것이 중요합니다. 앨리스가 체스판 위를 이동하며 퀸으로 승격한 과정은 단순히 게임의 규칙을 따르는 것이 아닙니다. 그녀는 기존의 틀을 넘어 새로운 가능성을 탐구하며, 자신만의 방식으로 규칙을 재해석했습니다. 이는 우리에게도 창의적이고 독창적인 사고를 장려합니다. 문제를 해결할 때 기존의 방법만을 고수하지 말고, 새로운 시각에서 바라보는 연습을 해보세요.

앨리스의 이야기는 단순히 아이들을 위한 동화가 아닙니다. 그것은 우리에게 삶의 복잡함 속에서 길을 잃지 않고, 끊임없이 성장하는 방법을 가르쳐줍니다. 하트의 여왕처럼 우리를 억누르는 허상의 권위, 트위들디와 트위들덤처럼 혼란스러운 언어의 규칙, 그리고 체스판 위의 여정처럼 끝없이 도전하는 과정은 우리의 현실에도 존재합니다. 중요한 것은 그것을 어떻게 바라보고, 어떻게 극복하며, 무엇을 배울 것인지에 달려 있습니다.

앨리스의 여정이 말합니다.
"익숙함에 안주하지 마세요. 세상은 생각보다 더 넓고, 당신은 생각보다 더 강합니다."

3) 창의성과 성장을 위한 관념의 변화

아래의 그림을 보세요. 이 그림을 보고 무엇이 보이는지 잠시 생각해보세요.

대부분의 사람들은 이 그림을 처음 볼 때 두 사람의 얼굴이나 중앙에 있는 꽃병 중 하나만을 인식합니다. 그런데 잠시 눈을 감았다가 다시 한번 그림을 들여다보세요.

　　이번엔 처음에 보지 못했던 것을 발견하려고 노력해 보세요. 얼굴을 보셨다면, 꽃병의 곡선을 따라가 보세요. 꽃병을 보셨다면, 두 사람의 윤곽을 찾아보세요. 그렇게 조금씩 시선을 달리하다 보면, 처음엔 보이지 않던 새로운 이미지가 점점 선명하게 떠오를 것입니다.

　　이 경험은 단순히 '다르게 보기'의 재미를 넘어섭니다. 사실, 우리가 매일같이 마주하는 삶의 문제들도 이와 비슷하지 않을까요? 익숙한 방식으로만 바라보며, 가능성의 절반을 놓쳐 버리는 일 말입니다. 하지만 잠시 멈추고, 새로운 각도로 문제를 바라보는 연습을 한다면, 상상도 못했던 답이 떠오를지도 모릅니다.

　　이를테면, 새로운 프로젝트를 시작할 때 전통적인 방식에만 의존하지 않고, 전혀 다른 분야의 사례에서 힌트를 얻어보는 것입니다. 또는 함께하는 팀원들의 다양한 아이디어를 적극적으로 받아들이는 것도 하나의 방법이겠죠. 얼굴이 꽃병으로, 꽃병이 얼굴로 바뀌는 것처럼, 우리가 가진 고정된 관점을 흔드는 순간, 창의적인 해결책과 더 넓은 세상이 우리 앞에 펼쳐질 겁니다.

그림 속 얼굴과 꽃병은 그저 하나의 시작일 뿐입니다. 지금 내가 놓치고 있는 또 다른 가능성은 무엇일까요? 이 질문을 스스로에게 던져본다면, 삶은 어쩌면 조금 더 흥미롭고 다채로워질지도 모릅니다.

불교에서는 '**무상**(無常)'이라는 개념을 통해 모든 것이 끊임없이 변하고, 고정된 것은 없다고 가르칩니다. 이 가르침은 우리가 스스로 붙들고 있는 고정된 관념과 집착에서 벗어나도록 도와줍니다. '모든 것은 변한다'는 이 단순한 진리가 때로는 두렵게 느껴질 수도 있겠지만, 역설적으로 우리를 자유롭게 만듭니다. 고정되지 않은 세상 속에서, 실패 또한 지나가는 과정임을 깨닫게 되니까요. 실패를 '끝'이 아닌 '변화의 한 부분'으로 받아들일 때, 우리는 새로운 시도를 두려워하지 않게 됩니다.

도가(道家) 철학에서는 '**무위**(無爲)'의 개념을 이야기합니다. 무위는 억지로 무엇을 하려는 마음에서 벗어나 자연 그대로의 흐름을 받아들이는 상태를 의미합니다.

노자는 그의 『도덕경』에서 "물이 가장 낮은 곳으로 흐르듯, 사람도 자연스럽게 자신의 길을 찾아야 한다"고 말합니다. 억지로 무언가를 이루려 집착하지 않을 때, 우리는 오히려 스스로에게 가장 어울리는 길을 발견하게 됩니다. 물이 길을 만들며 흘러가듯, 우리의 삶도 자연스러운 흐름 속에서 가장 깊고 넓은 가능성을 열어줍니다.

이 두 철학의 공통점은 우리의 고정된 관념을 흔들어, 더 자유롭고 유연하게 생각하고 살아가도록 초대한다는 점입니다. 고정관념은 우리를 안정적으로 느끼게 해주는 동시에, 우리 시야를 좁게 만들기도 합니다. 하지만 무상과 무위의 가르침은 이렇게 묻습니다.

"꼭 지금 붙들고 있는 것이 진짜일 필요가 있나요?"

살면서 우리는 종종 실패를 두려워하거나, 특정 결과에 집착하며 스스로를 옭아맵니다. 하지만 무상과 무위를 마음속 깊이 받아들이면, 변화가 두렵지 않게 되고, 억지로 무엇인가를 성취해야 한다는 압박에서 벗어나게 됩니다. 어떤 일이 잘되지 않았더라도, 그것이 지나가는 과정임을 깨닫고 다시 시도할 용기를 얻습니다. 그리고 억지로 내 길을 찾으려 애쓰기보다는, 자연스럽게 자신만의 길로 흘러가게 될 때 삶은 한결 부드러워집니다.

관념의 변화는 단순히 사고방식의 전환에 그치지 않습니다. 그것은 우리가 삶을 대하는 방식, 사람들을 바라보는 시선, 그리고 실패와 성공을 받아들이는 태도 모두를 바꾸어 놓습니다. 불교와 도가 철학은 우리에게 이런 삶의 태도를 제안합니다. 모든 것이 변한다는 것을 이해하고, 자연스럽게 흘러가는 것을 받아들일 때, 우리는 더 깊은 깨달음과 진정한 자유를 향해 나아가게 됩니다.

우리의 삶은 흐르는 물과도 같습니다. 물이 멈춰 있을 때는 답답해 보이지만, 흘러가는 순간에는 그 안에 새로운 길이 열립니다. 관념을 바꾼다는 건, 우리가 가진 틀을 깨고 더 넓고 깊은 강물이 되는 길을 스스로 만들어가는 과정입니다.

관념을 뛰어넘는 것은 결코 쉬운 일이 아닙니다.

그러나 그 벽을 허물고 나면, 이전에는 상상조차 하지 못했던 자유로움을 맛볼 수 있습니다. 세상이 갑자기 더 넓어지고, 내가 가진 가능성 또한 끝없이 펼쳐지는 것처럼 느껴질 것입니다. 오늘, 이 여정을 돕기 위한 다섯 가지 실천법을 소개하려 합니다. 각 방법은 작은 변화처럼 보이지만, 그 안에는 큰 깨달음과 전환이 숨어 있습니다.

첫 번째: 역발상을 연습하라

'실패는 나쁜 것'이라는 관념 대신 '실패는 배움의 기회'라는 생각을 가져본 적이 있나요?

역발상이란 우리를 가로막는 고정된 생각의 틀을 반대로 뒤집는 행위입니다. 영화『굿 윌 헌팅』에서 주인공 윌은 수학 문제를 풀 때 교수들이 가르친 전통적인 방식을 따르지 않습니다. 대신, 자신만의 독창적인 접근법으로 문제를 해결하죠. 그는 단순히 답을 찾는 데 그치지 않고, 문제의 본질을 새롭게 바라봅니다.

우리도 일상에서 이렇게 질문을 던져볼 수 있습니다.

"이 문제를 완전히 다르게 본다면 어떤 해결책이 떠오를까?"

매출이 하락하는 회사를 운영하는 경영자가 광고 예산을 늘리는 대신, 고객과 직접 소통하는 특별한 이벤트를 기획한다면 어떤 일이 벌어질까요? 문제를 다르게 바라보는 순간, 새로운 가능성이 열립니다.

두 번째: 꿈의 언어를 기록하라

잠들기 전에 꿈 일기를 써보세요. 꿈은 우리의 무의식이 빚어낸 창조의 공간입니다. 저는 한밤중에 꾼 꿈에서 영감을 얻어 단편 소설을 완성한 적이 있습니다. 꿈속에서 펼쳐진 기이한 장면들은 깨어난 후에도 생생하게 남아, 하나의 이야기가 되었습니다. 당신의 꿈도 마찬가지입니다. 그 속에 감춰진 이미지는 새로운 아이디어의 씨앗이 될 수 있습니다. 눈을 감고 떠오르는 장면들을 일기에 적어보세요. 어쩌면 무의식이 보내는 메시지가 지금 필요한 영감일지도 모릅니다.

세 번째: 예술로 내면의 관념을 확장하라

그림을 그리거나 음악을 연주해본 적이 있나요? 예술은 우리의 감정을 풀어내고, 기존의 관념을 확장시켜주는 도구입니다. 화가 빈센트 반 고흐는 자신의 내면을 표현하기 위해 끊임없이 붓을 들었습니다. 그의 강렬한 색채와 독특한 붓질은 단순한 표현을 넘어선, 그만의 고유한 언어였습니다. 예술적 활동을 통해 우리는 틀에 얽매이지 않은 새로운 시각을 얻을 수 있습니다. 붓을 잡거나 피아노 건반을 두드리며 당신만의 이야기를 시작해보세요.

네 번째: 미래의 자신과 대화하라

"5년 후의 나는 어떤 모습일까?"라는 질문을 던지고, 그 미래의 나와 대화를 나눠보세요. 저는 이 방법을 통해 삶의 방향을 새롭게 설정한 적이 있습니다. 미래의 나에게 조언을 구하면, 현재의 고민과 두려움이 한층 가벼워지는 것을 느낄 수 있습니다. 미래의 나와의 대화는 단순한 상상을 넘어, 목표를 향한 구체적인 계획을 세우게 합니다. 한 번 대화를 시작하면, 당신은 자신 안에 존재하는 강력한 가능성을 발견하게 될 것입니다.

다섯 번째: 불편함 속에서 성장을 찾으라

낯선 환경은 우리를 두렵게 하지만 동시에 강하게 만듭니다. 낯선 도시에서 길을 잃었던 경험이 떠오릅니다. 당시에는 두려움으로 가득 찼지만, 길을 찾아가는 과정에서 나 자신에 대한 믿음이 생겼습니다. 낯선 언어를 배우거나 새로운 기술에 도전하는 것도 비슷합니다.

익숙한 환경에서 벗어나 의도적으로 불편함을 마주할 때, 우리는 관념의 틀에서 벗어나 성장할 수 있습니다. 지금 불편함을 선택하는 용기가, 내일의 나를 단단하게 만듭니다.

관념의 변화를 통해 우리는 더 창의적이고 유연한 사고를 가질 수 있으며, 이는 우리의 삶에 다양한 긍정적인 변화를 가져옵니다. 문제 해결 능력 향상, 개인적 성장, 풍요로운 인간관계, 새로운 기회 발견 등 이러한 변화는 우리를 더 나은 삶으로 이끌어줄 것입니다.

『게슈탈트 기도문』

나는 나의 할 일을 하고
당신은 당신의 일을 합니다.

내가 이 세상을 살아가는 것은
당신의 기대에 맞추기 위한 것이 아니고,

당신이 이 세상을 살아가는 것도
나의 기대에 맞추기 위한 것이 아닙니다.

나는 나이며, 당신은 당신일 뿐입니다.

어쩌다 우리가 서로를 알게 된다면
참 멋진 일이겠죠.

만약 그렇지 않다 해도,
어쩔 수 없는 일일 것입니다.

「프리츠 펄스(Fritz Perls,1893~1970), 독일의 정신과 의사」

알을 깨고 나오세요: 편견과 선입견에서의 탈출

1) 편견과 선입견의 무서움

우리는 자신도 모르게 편견과 선입견 속에서 세상을 바라보며 살아갑니다. 이들은 마치 편리한 지도를 펼치듯 세상을 단순하게 이해하도록 돕지만, 동시에 그 지도가 왜곡된 정보를 담고 있어 진짜 세상을 가리는 경우가 많습니다. 그렇다면, 편견과 선입견은 어디서 생겨나는 걸까요?

먼저, 뇌의 자연스러운 특징이 편견과 선입견을 형성하는 데 중요한 역할을 합니다. 뇌는 복잡한 세상을 빠르게 이해하려고 정보를 단순화합니다. 이는 낯선 상황에서 빠르게 결정을 내려야 할 때 유용한 기능입니다. 하지만 이런 단순화는 종종 잘못된 결론을 만들어냅니다.

예를 들어, '과학자는 남자만 할 수 있다' 또는 '유치원 교사는 여자만 어울린다'는 고정관념은 뇌가 만든 단순화의 결과일 뿐입니다. 문제는 이런 단순화된 판단이 시간이 지나면서 굳어져, 고정된 생각으로 자리 잡는다는 것입니다.

편견과 선입견은 우리가 자라온 환경과도 깊이 연결되어 있습니다. 부모, 친구, 미디어가 무심코 던진 말과 태도는 우리의 인식에 큰 영향을 미칩니다. 어렸을 때 부모가 특정 집단에 대해 부정적으로 표현했다면, 그 시각은 자연스럽게 자녀에게도 전해질 가능성이 큽니다. 예를 들어, 영화나 드라마에서 특정 인종이나 직업군을 부정적으로 묘사할 경우, 우리는 그것을 사실로 받아들이고 고정관념을 형성하게 됩니다. 우리가 가진 경험의 폭이 제한적일 때, 다른 문화나 집단에 대한 이해가 부족해지면서 편견이 생깁니다.

예를 들어, 도시에서만 자란 사람은 농촌의 삶에 대해 부정확한 선입견을 가질 수 있습니다. 반대로 농촌에서 자란 사람도 도시 생활을 과장되게 생각할 수 있습니다. 여기에 더해, 낯선 것에 대한 두려움은 편견을 더욱 강화합니다. '처음 보는 사람이 무뚝뚝한 태도를 보이면 차갑고 무례한 사람일 것이다'라고 속단하는 것이 대표적인 사례입니다. 하지만 이 판단은 단순히 그 사람이 낯선 환경에서 긴장한 것일 수도 있음을 간과한 결과일 수 있습니다.

자존감을 보호하려는 심리적 방어기제도 편견과 선입견을 강화합니다. 우리는 종종 자신이 속한 집단을 긍정적으로 보고, 다른 집단을 부정적으로 보며 심리적 안정감을 찾으려 합니다. 예를 들어, '우리 팀은 언제나 옳아'라는 생각은 다른 팀에 대한 부정적인 인식을 낳고, 객관적인 판단을 어렵게 만듭니다. 이런 태도는 단기적으로는 안심이 되지만, 장기적으로는 소통과 협력을 방해합니다.

이제 중요한 질문을 해봅시다.

"왜 우리는 편견과 선입견에서 벗어나야 할까요?"

그 이유는 간단합니다. 이들은 우리가 만들어낸 틀이자 감옥이기 때문입니다. 그 감옥에서 벗어나야만 더 넓고 풍요로운 세상을 경험할 수 있습니다. 영화 『죽은 시인의 사회』의 키팅 선생님이 학생들에게 했던 말을 떠올려봅시다.

"왜 내가 책상 위에 올라가는지 아나? 그것은 우리가 사물을 다른 각도에서 볼 필요가 있기 때문이야."

이 말처럼 우리는 익숙한 틀을 깨고 새로운 관점에서 세상을 바라보아야 합니다.

이를 위해 다음의 방법을 실천할 수 있습니다.

1. 다양한 경험 쌓기
익숙한 환경에서 벗어나 새로운 사람들을 만나고, 다양한 문화를 접해보세요. 이를 통해 좁은 시야에서 벗어나 더 넓은 세상을 볼 수 있습니다.

2. 스스로 질문하기
"내가 지금 믿고 있는 것은 어디서 온 생각일까?", "이 생각이 정말 사실일까?" 같은 질문을 자주 던지세요. 이는 우리가 무의식적으로 받아들인 고정관념을 의식적으로 깨뜨리는 데 도움을 줍니다.

3. 다른 관점을 존중하기
내 의견과 다른 의견을 들을 때 불편함을 느낄 수 있습니다. 하지만 불편함 속에 성장의 기회가 있습니다. 다른 사람의 시각을 진지하게 들어보는 연습을 시작해보세요.

편견과 선입견은 우리를 익숙한 틀 속에 가두는 힘이 있지만,

동시에 그 틀은 우리가 만든 것이기에 깨뜨릴 수 있습니다. 고정된 사고방식에서 벗어나 새로운 관점을 받아들일 때, 우리는 더 자유롭고 풍요로운 세상을 만날 수 있습니다.

지금, 색안경을 벗고 세상을 바라볼 준비가 되셨나요?

2) 편견과 선입견 없는 세상

제인 오스틴의 『오만과 편견』은 사회적 지위와 성격에 따른 편견과 선입견이 인간관계에 미치는 영향을 다루고 있는 고전 소설입니다. 주인공 엘리자베스 베넷과 피츠윌리엄 다아시의 이야기를 통해 우리는 초기의 편견과 오해가 어떻게 극복되고, 진정한 이해와 사랑으로 발전할 수 있는지를 배울 수 있습니다.

엘리자베스와 다아시의 만남

처음 엘리자베스 베넷이 피츠윌리엄 다아시를 만났을 때, 그녀는 그의 오만한 태도와 고고한 행동 때문에 그를 부정적으로 보게 됩니다. 네더필드에서 열린 무도회에서 다아시는 엘리자베스를 춤에 초대하지 않으며, 그녀의 외모와 가문에 대해 비하하는 발언을 합니다. 이로 인해 엘리자베스는 다아시를 오만하고 교만한 사람으로 여기게 됩니다. 반면, 다아시는 엘리자베스의 가문이 경제적으로 어려운 상황과 사회적 지위 때문에 그녀를 하찮게 여깁니다.

편견과 오해

엘리자베스와 다아시는 서로에 대한 초기의 편견과 오해를 가지고 서로를 판단하게 됩니다. 엘리자베스는 다아시의 오만함과 무례함을 싫어하고, 다아시는 엘리자베스의 가문을 낮게 평가합니다. 이러한 초기의 편견은 그들의 관계를 멀어지게 만듭니다.

이 소설을 읽으며 저는 직업, 성별, 나이, 고향에 따라 사람을 얼마나 많은 편견과 선입견으로 바라보는지 깨닫게 되었습니다. 예를 들어, 지방 사람은 순수하고, 서울 사람은 까탈스러울 것이라는 사고방식을 가지고 있던 자신을 발견했습니다. 실제로 저 사람은 서울 사람이어서 까탈스러운 것이 아닌데도 말입니다.

또한, 나이와 성별에 따른 편견도 마찬가지입니다. 젊은 사람은 경험이 부족하고 무모하다는 생각, 나이 든 사람은 고리타분하고 변화에 둔감할 것이라는 편견, 남성은 이성적이고 여성은 감정적이라는 고정관념을 가지고 있었습니다. 하지만 실제로 많은 젊은 사람들이 뛰어난 통찰력과 지혜를 가지고 있으며, 나이 든 사람들 중에도 혁신적이고 열린 사고를 가진 분들이 많다는 것을 알게 되었습니다. 남성과 여성 모두가 이성과 감정을 균형 있게 활용하며, 그들의 행동과 사고는 단순히 성별로 설명될 수 없는 복잡성을 지니고 있다는 것도 깨달았습니다.

직업에 대한 편견 역시 마찬가지입니다. 예를 들어, 예술가는 현실감각이 부족하고, 기업가는 돈만 추구한다는 생각을 가지고 있었습니다. 그러나 많은 예술가들은 현실적인 문제들을 예리하게 분석하며, 기업가들 역시 사회적 책임과 가치를 중요시하는 경우가 많습니다.

변화의 시작

시간이 지나면서 엘리자베스와 다아시는 서로에 대한 오해와 편견을 극복하기 시작합니다. 처음에 엘리자베스는 다아시를 고집스럽고 자만심이 가득한 사람으로 판단했습니다. 특히, 리디아의 스캔들이 터졌을 때 엘리자베스는 '다아시라면 이런 상황에서 분명 자신과는 상관없는 일이라며 물러설 것'이라고 예상했습니다. 그러나 다아시는 자신의 지위와 명예를 이용해 스캔들을 해결하려고 적극적으로 나서는 모습을 보였고, 이로 인해 엘리자베스는 자신이 그를 오해했음을 깨닫게 됩니다.

그녀는 자신의 편견으로 인해 다아시의 진정한 성격을 보지 못했음을 자각하게 되죠. 다아시는 단순히 상류층의 이기적인 인물이 아니라, 타인의 문제에도 깊이 관여하며 도울 수 있는 배려심 깊은 사람임을 알게 됩니다.

다아시 역시 처음에는 엘리자베스를 경솔하고 고집스러운 여성으로 오해했지만, 시간이 지나며 그녀의 지혜와 독립성을 존중하게 되었고, 점점 그녀를 진심으로 사랑하게 됩니다. 이처럼 편견과 선입견을 가진 시점에서는 상대방의 본 모습을 제대로 판단할 수 없으며, 이를 극복하고 나서야 비로소 상대방의 진정한 모습을 이해하게 된다는 교훈이 담겨 있습니다.

구체적인 사건들

1. **다아시의 편지**: 다아시는 엘리자베스에게 자신이 왜 빙리와 제인의 관계를 방해했는지, 그리고 위컴과의 갈등에 대한 진실을 담은 편지를 씁니다. 엘리자베스는 이 편지를 읽으며 다아시에 대한 자신의 오해를 깨닫게 됩니다.

2. **리디아의 사건**: 엘리자베스는 다아시가 리디아와 위컴의 문제를 해결하기 위해 적극적으로 나선 사실을 알게 됩니다. 다아시는 자신의 자존심을 내려놓고 리디아의 결혼을 성사시키기 위해 많은 노력을 기울입니다. 이를 통해 엘리자베스는 다아시의 진정한 성격과 가치를 깨닫게 됩니다.

편견에서 해방된 삶

엘리자베스와 다아시는 서로의 가치를 진정으로 이해하고 인정함으로써 편견과 선입견에서 해방됩니다.

다아시는 자신의 오만함을 버리고 엘리자베스에게 진정한 사랑을 고백합니다. 엘리자베스는 다아시의 변화된 모습을 받아들이며, 자신도 그에 대한 오해와 편견을 버리고 새로운 시각에서 그를 바라봅니다. 이 과정에서 그들은 서로의 진정한 가치를 발견하고, 더 깊은 이해를 바탕으로 성숙한 관계를 형성합니다.

다아시와 엘리자베스는 서로의 가치를 인정하고, 편견과 선입견을 극복한 후 더 성숙한 관계를 형성합니다. 그들은 서로의 강점과 약점을 이해하고 존중하며, 진정한 사랑과 신뢰를 쌓아갑니다. 이를 통해 그들은 더 넓은 시각과 깊은 이해를 바탕으로 성장하게 됩니다.

오늘날에도 우리는 다양한 편견과 선입견을 가지고 살아갑니다. 직업, 성별, 나이, 고향에 따른 편견은 여전히 우리의 시야를 제한하고 있습니다. 『오만과 편견』을 통해 우리는 이러한 편견이 얼마나 부당한지 깨닫고, 이를 극복하기 위한 노력을 할 수 있습니다.

엘리자베스와 다아시의 이야기는 우리가 자신의 편견을 돌아보고, 더 넓은 시각과 깊은 이해를 통해 성장할 수 있도록 도와줍니다. 이 소설을 통해 얻은 교훈을 바탕으로, 우리는 더 성숙하고 이해심 많은 인간으로 성장할 수 있습니다.

「질문거리」

• 자아 정체성에 대한 도전
엘리자베스와 다아시가 서로를 편견으로 판단했지만, 그들의 관계가 발전하면서 자신들의 편견을 인식하고 극복하게 됩니다. 나는 내 자아 정체성에 대해 얼마나 확신하고 있는지 돌아볼 수 있습니다. 나 자신에 대한 고정된 생각이 변화를 두려워하게 만들고 있지는 않은가요?

• 고정관념의 도전
엘리자베스와 다아시의 초기 오해와 갈등을 통해, 내 삶에서 어떤 고정관념이 나의 판단과 행동을 제한하고 있을까요? 이를 도전하고 변화시킬 수 있는 방법은 무엇일까요?

• 현실의 유동성
엘리자베스와 다아시가 서로에 대한 오해를 풀고 진정한 모습을 알게 되는 과정에서, 나는 얼마나 현실을 고정된 틀 안에서 보고 있는지 고민해볼 수 있습니다. 지금 내 현실 속에서 유동적으로 변화할 수 있는 부분은 무엇이며, 나는 그것을 얼마나 수용할 준비가 되어 있나요?

• 일상 속 혼란과 당혹감
엘리자베스와 다아시가 겪는 혼란과 당혹감을 통해, 나는 일상 속에서 혼란스러웠던 경험들이 나의 사고방식을 변화시키는 데 어떤 영향을 미쳤는지 생각해볼 수 있습니다. 그러한 경험을 통해 내가 배운 점은 무엇이며, 앞으로 어떻게 더 유연하게 사고할 수 있을까요?

3) 나를 가두는 것에서의 해방

편견과 선입견은 우리 삶의 무의식적인 배경음처럼 작동합니다. 겉으로는 아무렇지 않은 듯 행동하면서도, 우리는 어느새 특정 집단이나 사람을 단순화된 이미지로 판단하고 있을지도 모릅니다. 이들은 마치 익숙하고 편리한 지도로 보이지만, 사실은 우리의 시야를 가로막고 세상을 왜곡된 방식으로 보게 만듭니다. 그렇다면 어떻게 하면 이 틀에서 벗어나 자유로운 삶을 살 수 있을까요?

고정관념의 뿌리

고정관념은 우리가 특정 집단에 대해 지나치게 단순화된 생각을 가지게 만드는 요인 중 하나입니다. 예를 들어, 미디어가 특정 인종이나 직업을 부정적으로 묘사하면, 우리는 그 집단의 전체를 부정적으로 바라보게 될 수 있습니다. 이렇게 형성된 고정관념은 시간이 지나면서 굳어지고, 결국 편견이 강해지면서 사회 전반에 걸쳐 잘못된 인식을 퍼뜨립니다. 하지만 미디어는 반대로 이러한 고정관념을 깨는 데도 큰 역할을 할 수 있습니다.

영화 『히든 피겨스』 같은 작품들은 우리가 무의식적으로 가졌던 선입견을 뒤흔들고, 편견을 뛰어넘어 새로운 시각을 가지게 해줍니다. 이런 작품들은 우리가 사람들을 개별적인 존재로 바라보고, 그들의 진정한 가치를 알아볼 수 있도록 돕습니다.

주위의 영향을 받는 우리

사람은 사회적 동물이기에, 주변 사람들의 의견이나 행동을 쉽게 따라가는 경향이 있습니다. 이는 사회적 증거와 동조 압력에 의해 더욱 강화됩니다. 대중 매체나 소셜 미디어에서 특정 집단에 대한 부정적인 이야기가 반복될 때, 우리는 그것을 사실로 받아들이게 되고, 그 집단에 대해 편견을 갖게 되죠.

예를 들어, 인터넷에서 특정 소수자 그룹에 대한 부정적인 댓글이나 기사들이 많아지면, 우리는 그 그룹을 부정적으로 보게 되는 경향이 생깁니다. 하지만 미디어에서 제공하는 정보에 대해 비판적으로 사고하는 습관을 기르면, 이러한 편견을 피할 수 있습니다. 미디어 리터러시 교육을 통해 우리는 정보를 비판적으로 분석하고, 다양한 관점을 받아들이는 능력을 키울 수 있습니다.

공포와 정치적 도구로 쓰이는 편견

정치 지도자들은 종종 공포를 이용해 사람들을 통제하려고 합니다. 특정 소수자나 이민자 그룹을 범죄와 연결짓는 메시지를 반복적으로 사용해 대중을 두렵게 만듦으로써, 사회적 통제를 유지하려고 하죠. 이 과정에서 '우리 대 그들'이라는 구도가 형성되며, 편견과 선입견이 더욱 강화됩니다.

이러한 방식은 단순히 정치적인 수단으로만 쓰이는 것이 아니라, 우리의 일상에서도 나타날 수 있습니다. 예를 들어, 사회적 불안정이 커질 때, 특정 그룹을 희생양으로 삼고 그들에게 책임을 돌리는 일이 빈번해지죠. 이때 중요한 것은, 이러한 두려움이 얼마나 근거 없는 것인지를 인식하는 겁니다. 두려움에 휘둘리지 않고 상황을 냉정하게 바라보는 연습이 필요합니다.

방어기제와 편견의 관계

심리적으로 우리가 잘 이해하지 못하거나 두려움을 느끼는 대상에 대해서는 방어적인 태도를 취하기 쉽습니다. 예를 들어, 경제 불안정 시기에는 '이민자들이 우리의 일자리를 빼앗는다'는 식의 편견이 퍼지기 쉽습니다. 하지만 이는 단지 우리의 두려움이 만들어낸 잘못된 믿음일 뿐이죠.

이런 방어적인 생각을 고치기 위해서는, 우리의 두려움과 감정을 인식하는 과정이 중요합니다. 명상과 같은 방법을 통해 스스로의 감정을 들여다보고, 편견을 만드는 근거 없는 불안을 이겨낼 수 있습니다.

잘못된 상관관계의 위험성

또한 사람들은 때때로 두 가지 사건이나 현상 사이에 존재하지 않는 관계를 만들어내는 경향이 있습니다. 예를 들어, 범죄율이 높아지는 시기에 특정 소수자 그룹의 인구가 증가하면, 우리는 그 두 가지가 관련이 있다고 생각하게 되죠. 이런 잘못된 상관관계는 편견을 강화하고, 사회적으로도 큰 영향을 미칩니다. 하지만 이러한 잘못된 믿음을 바로잡기 위해서는, 다양한 시각을 접할 수 있는 콘텐츠를 활용하는 것이 중요합니다.

영화『그린 북』처럼 다른 배경을 가진 사람들이 서로를 이해하고 소통하는 이야기는 우리가 무의식적으로 가진 선입견을 해소하는 데 큰 도움이 될 수 있습니다.

「편견에서 해방되기 위한 실천들」

1. 다양한 경험을 쌓기
익숙한 환경을 떠나 새로운 사람들과 문화를 만나는 것은 편견을 극복하는 첫걸음입니다. 여행, 독서, 다큐멘터리 감상은 우리의 시야를 넓히고, 세상을 다르게 볼 기회를 제공합니다.

2. 비판적으로 사고하기
새로운 정보를 접할 때 '이것이 진짜인가?'라는 질문을 던져보세요. 우리의 뇌는 과거의 경험에 의존해 쉽게 결론을 내리려 하지만, 이런 습관을 의식적으로 깨뜨리는 연습이 필요합니다.

3. 자신의 감정 이해하기
편견은 종종 우리의 두려움과 불안에서 비롯됩니다. 명상이나 일기 쓰기와 같은 방법을 통해 자신의 감정을 들여다보세요. 자신의 두려움을 이해하면, 타인에 대한 시각도 변화하기 시작합니다.

4. 다양한 관점 존중하기
다른 의견을 듣는 것이 불편하게 느껴질 때도 있습니다. 하지만 그런 불편함 속에 성장의 기회가 있습니다. 다른 사람들의 이야기를 진지하게 들어보세요. 이 과정에서 우리는 자신의 한계를 깨닫고 더 넓은 사고를 할 수 있게 됩니다.

편견과 선입견은 우리가 만든 틀이며, 동시에 우리가 벗어날 수 있는 틀이기도 합니다. 익숙한 사고방식에서 벗어나 다른 시각을 받아들이는 것은 쉽지 않은 일이지만, 그만큼 가치 있는 일입니다. 색안경을 벗고 세상을 있는 그대로 바라볼 때, 우리는 더 넓고 풍요로운 세상을 만날 수 있습니다.

이제, 당신은 어떤 새로운 시각으로 세상을 바라보고 싶나요?

제3장
깨어있는 의식으로
내 삶을 바라보기

일상에서 틀 발견하기

우리는 모두 각자의 틀 속에서 살아가고 있습니다. 이 틀은 때로는 삶을 편하게 만들어주지만, 동시에 우리를 한정된 시야 속에 가두는 벽이 되기도 합니다. 무엇이 내 안에 있는 틀일까요? 그것을 알아내는 과정은 마치 자신을 거울로 들여다보는 것처럼 조금 낯설고 불편할 수 있습니다. 하지만 틀을 바라볼 수 있을 때, 그 틀에 지배당하지 않고 자유로워질 수 있습니다.

저 역시 이런 틀 속에서 오랫동안 살아왔습니다. 특히 극단 생활을 하며 겪었던 번아웃은 제 안에 깊숙이 자리 잡고 있던 틀을 드러내주는 순간이었습니다.

"모든 것은 완벽해야 해", "사소한 실수조차 용납될 수 없어" 이 강박적인 생각들이 저를 끊임없이 몰아붙였죠. 그렇게 살아가다 보니, 실수 하나에 자신을 탓하고, 잠깐의 여유조차 허락하지 않는 삶을 살고 있었습니다.

이런 틀이 만들어내는 고통에서 벗어나기 위해, 저는 제 삶을 새로운 시각으로 바라보기 시작했습니다. 그리고 깨달았습니다. 내가 만들어낸 '완벽주의'라는 틀이야말로 진짜 나를 가리고 있던 가장 큰 장애물이었다는 것을요. 완벽하지 않아도 괜찮다는 사실을 받아들이는 데는 시간이 걸렸지만, 그것을 깨닫고 나니 제 삶은 조금씩 달라지기 시작했습니다.

내면의 틀을 발견하는 첫걸음은 자신을 관찰자의 자리에서 바라보는 것입니다. 마치 밖에서 나를 조용히 지켜보는 듯한 느낌으로, 내 생각과 감정을 한 발짝 떨어져 바라보는 연습을 하는 거죠.

심리학에서는 이를 **'마인드풀니스(Mindfulness)'**라고 부릅니다. 지금 이 순간에 온전히 집중하면서, 떠오르는 생각과 감정을 판단하지 않고 바라보는 태도입니다. 처음엔 이 연습이 낯설고 어렵게 느껴질 수 있지만, 조금씩 해나가다 보면 내 안의 숨겨진 감정과 생각들을 선명하게 볼 수 있게 됩니다.

예를 들어, 힘든 일이 생겼을 때 우리는 종종 '왜 이런 일이 나한테만 일어나지?'라고 생각합니다. 하지만 이 질문을 조금 바꿔보세요. "지금 내가 왜 이렇게 느끼는 걸까?" 혹은 "이 상황에서 내가 놓치고 있는 건 뭘까?" 이런 질문들은 우리가 틀에 갇혀서 보지 못했던 것을 보게 해줍니다.

틀을 깨는 일은 갑작스럽게 이루어지지 않습니다. 작은 변화들이 쌓여야 합니다. 저 역시 처음엔 일상의 작은 습관부터 바꿔보기 시작했습니다. 스스로에게 '지금 이 순간에 집중해보자'라고 다짐하며, 하루 5분만이라도 자신을 돌아보는 시간을 가졌습니다.

명상과 글쓰기도 큰 도움이 됐습니다. 일기장에 하루 동안 느꼈던 감정을 솔직히 써내려가며, 그 감정이 어떤 틀에서 비롯되었는지 알아가는 과정은 제 자신과의 새로운 대화를 시작하게 해줬습니다. 실패를 두려워하지 않고, 실수를 성장의 계기로 받아들이는 태도를 가지려 노력한 것도 큰 변화를 만들어냈습니다.

흥미롭게도 물리학에서도 비슷한 통찰을 발견할 수 있습니다. 양자역학의 **'관찰자 효과'**는 관찰이 현실을 바꾼다는 놀라운 사실을 알려줍니다. 우리가 어떤 방식으로 자신과 세상을 바라보느냐에 따라, 현실이 달라질 수 있다는 뜻이죠. 이 원리는 제게 큰 깨달음을 주었습니다. 내가 어떤 틀을 통해 세상을 바라보고 있는지, 그리고 그 틀을 깨뜨릴 때 내가 경험할 수 있는 현실이 얼마나 다를지를 생각하게 되었습니다. 자신을 의식적으로 관찰하는 행위는, 단순히 자아를 이해하는 것을 넘어 우리 삶을 변화시키는 힘을 가지고 있음을 믿게 되었습니다.

마지막으로, 제가 깨달은 가장 중요한 사실은 이것입니다. 내 안의 틀은 내가 만든 것이기에, 결국 나 스스로가 그 틀에서 벗어날 수 있다는 것입니다. 완벽주의라는 틀을 깨고 나니, 저는 더 많은 실수를 용납할 수 있었고, 실수를 통해 배우는 삶의 즐거움을 느낄 수 있었습니다.

혹시 당신도 지금 어떤 틀 속에 갇혀있다는 느낌이 드나요?

그 틀이 무엇인지, 어떻게 만들어졌는지 스스로에게 물어보세요. 그리고 천천히, 아주 작은 것부터 바꿔보세요. 우리 모두는 스스로 만든 틀에서 벗어나, 더 자유롭고 풍요로운 삶을 살 수 있습니다.

이제, 당신의 틀을 발견하고 깨뜨릴 준비가 되셨나요? 그 여정을 시작하는 순간, 당신은 이미 한 걸음 더 나아간 것입니다.

1) 불편함 꽉 붙들기

"우리 삶에서 불편함이 차지하는 역할은 무엇일까요?"

이 질문은 우리가 일상에서 마주치며, 때로는 회피하려 하는 불편함의 본질과 그 중요성을 탐색하기 위한 출발점입니다. 빅토르 프랭클은 인간의 마지막 자유가 주어진 상황에서 자신의 태도를 선택할 수 있는 자유라고 말했습니다. 이 관점에서, 불편함은 우리에게 자신의 태도와 반응을 선택할 수 있는 기회를 줍니다. 이는 귀중한 자기 성찰의 순간이 되며, 우리 내면의 무의식적 틀과 그 영향을 탐구하는 기회를 열어줍니다.

이러한 관점에서 볼 때, 불편함을 경험하는 것은 단순히 불쾌한 감정이나 상태를 넘어서 우리가 주변 세계와 어떻게 상호작용하는지, 그리고 우리 자신을 어떻게 인식하는지에 대한 중요한 통찰을 제공합니다. 따라서, 불편함을 겪는 순간은 우리에게 자신의 태도와 반응을 선택할 수 있는 기회를 제공함으로써, 귀중한 자기 성찰의 순간이 됩니다. 우리 내면의 무의식적 틀과 그 영향을 탐구하는 이러한 순간들은 자아 성장과 개인적 발전을 위한 필수적인 단계가 될 수 있습니다.

불편함이 우리 삶에 미치는 영향과 그 본질을 더 깊이 이해하기 위해서, 우리는 먼저 어떤 상황에서 불편함을 느끼는지 알아볼 필요가 있습니다. 우리는 어떨 때 불편함을 느낄까요? 근본적으로, 불편함은 내면적 갈등과 외부 환경과의 불일치, 불확실성과 예측 불가능성, 인지 부조화, 그리고 사회적 배제나 거부감 및 기본적 욕구의 불충족 등으로부터 비롯됩니다.

내면적 갈등

우리 각자는 자신만의 가치관, 신념, 그리고 기대를 가지고 살아갑니다. 이는 마치 내면의 나침반이자, 우리가 세상을 어떻게 바라보고 행동할지를 결정하는 기준이 됩니다. 그러나 때때로, 우리는 이러한 **내면의 기준과 현실 사이에서 괴리**를 경험합니다. 이 괴리가 바로 내면적 갈등이며, 여기서 불편함이 발생합니다.

예를 들어, 당신이 프로젝트 매니저로서 새로운 프로젝트를 성공적으로 이끌어야 한다는 높은 기대를 가지고 있습니다. 프로젝트 시작 전부터 당신은 이를 완벽하게 수행하기 위한 계획을 세웠고, 팀원들에게도 최선을 다해줄 것을 당부했습니다. 그러나 몇 주 후, 예상치 못한 문제들이 발생하며 프로젝트 일정이 지연되기 시작합니다. 예산 문제, 팀 내 의사소통 장애, 기술적 난관 등 다양한 문제들이 겹치며, 당신이 원하는 결과를 내기가 점점 어려워집니다. 이 시점에서 당신은 자신이 세운 높은 기준에 도달하지 못했다는 사실에 실망감을 느낍니다. 더 나아가, 프로젝트의 성공을 자신의 능력과 직결시켜 자기 비판의 목소리가 커집니다.

"내가 더 철저히 준비했어야 했어", "내가 더 나은 리더였다면 이런 문제는 발생하지 않았을 텐데" 같은 생각들이 마음속을 가득 채우며, 이는 자신이 지향하는 가치(예: 책임감, 성공, 탁월함)와 현실 사이의 충돌로 인한 깊은 내면적 갈등으로 이어집니다.

이러한 상황은 단순히 업무의 실패로 보기보다는, 자신의 가치관과 현실의 괴리를 인식하고 이를 극복하기 위한 자기 성찰의 기회로 삼을 수 있습니다. 자신에게 더욱 친절하게 대하며, 실패를 성장의 발판으로 삼는 방법을 모색하는 것이 중요합니다.

「일상에서 겪을 수 있는 내면적 갈등의 예시들」

• **성과 목표 미달:**
운동 목표를 달성하지 못했을 때 생기는 자책감.

• **가치와 행동 충돌:**
환경 보호를 위한 개인적 신념과 일상생활에서의 비환경적 행동 사이의 갈등.

- **직업적 만족도 부족:**
현재 직업이 자신의 열정이나 흥미를 충족시키지 못할 때 느끼는 불만.

- **취미 활동의 실망:**
기대했던 취미 활동에서 원하는 만족이나 발전을 얻지 못했을 때.

- **자아상과 현실 사이의 간극:**
이상적인 자기 모습과 현재 자신 사이의 차이에 대한 인식 때문에 생기는 불편함.

이렇듯 내면적 갈등은 우리로 하여금 자신의 진정한 가치와 욕구에 대해 깊이 성찰하게 만들며, 때로는 자신의 신념 체계나 삶의 방향성을 재평가하도록 도전합니다. 이 과정에서 우리는 자신에 대해 더 잘 이해하게 되고, 내면에 숨겨진 갈등을 해결할 방법을 모색하기 시작합니다. 불편함은 이러한 내면적 갈등을 인식하고 해결하려는 내적 노력의 산물이며, 우리가 자신의 내면을 깊게 들여다보고 진정으로 추구하는 것이 무엇인지 탐색하는 기회를 제공합니다.

따라서, 불편함을 겪을 때 이를 부정적인 것으로만 여기지 말고, 오히려 자신의 내면을 탐구하고 성장할 수 있는 기회로 삼는 것이 중요합니다.

내면적 갈등과 그로 인한 불편함을 직면하는 것은 쉽지 않은 여정일 수 있습니다. 그러나 이 과정을 통해 우리는 자신의 한계를 넘어서고, 자신의 삶을 더 충실하고 의미 있게 만들 수 있는 근본적인 가치와 신념을 발견할 수 있습니다. 이는 진정한 자기 이해와 개인적 성장으로 이어지는 길입니다.

외부 환경과의 불일치

우리 각자는 자신만의 신념과 가치를 가지고, 이를 통해 세상과 상호작용합니다. 하지만 때로는 **우리가 가진 이러한 신념과 가치가 우리가 속한 사회적, 문화적 환경과 일치하지 않는 경우가** 있습니다. 이것은 우리가 일상에서 마주칠 수 있는 불편함의 중요한 원인 중 하나입니다. 외부 환경과의 불일치는 여러 형태로 나타날 수 있습니다.

예를 들어, 직장에서의 업무 방식, 친구 그룹 내에서의 관습, 또는 우리가 살고 있는 사회의 규범과 같은 것들이 개인의 신념과 충돌할 때, 우리는 **외부로부터의 압력**을 느끼게 됩니다. 이러한 압력은 우리로 하여금 불편함을 경험하게 만들며, 때로는 스트레스나 갈등의 원인이 되기도 합니다.

「일상에서 겪을 수 있는 외부 환경과의 불일치 예시들」

• **업무 문화 충돌**
자율적인 작업 방식을 선호하는데, 상사는 상세한 지시와 보고를 요구할 때.

• **생활환경 변화**
해외 이주 후 새로운 문화와 언어에 적응해야 할 때의 어려움.

• **기술적 적응 어려움**
새로운 기술이나 소프트웨어를 배우고 사용하는 과정에서 느끼는 고립감.

• **경제적 불안정**
실직 위험이나 경제적 불확실성으로 인한 지속적인 스트레스.

• **사회적 변화 적응**
빠르게 변화하는 사회적 기준이나 정치적 상황에 적응하는 데 어려움을 느낄 때.

이러한 외부 환경과의 불일치가 발생할 때, 우리는 두 가지 방식으로 반응할 수 있습니다.

첫 번째는 우리가 가진 신념과 가치를 고수하면서 외부 환경과의 충돌을 감내하는 것입니다. 이는 우리의 정체성을 유지하고 자신의 신념에 충실하려는 선택이 될 수 있습니다. 그러나 이러한 선택은 때로는 외부 환경으로부터의 배제나 비판을 초래할 수 있으며, 이는 추가적인 불편함을 야기할 수 있습니다.

　두 번째 방식은 외부 환경과 조화를 이루기 위해 자신의 신념이나 가치를 조정하는 것입니다. 이는 우리가 속한 환경과 더 잘 어울리기 위해 타협을 선택하는 것이며, 때로는 개인적 성장이나 새로운 관점을 받아들이는 계기가 될 수 있습니다. 그러나 이러한 타협은 자신의 정체성이나 신념에 대한 의문을 불러일으킬 수 있으며, 이는 또 다른 형태의 내면적 불편함을 초래할 수 있습니다.

　외부 환경과의 불일치는 우리로 하여금 자신의 신념을 재평가하고, 때로는 변화를 추구하게 만듭니다. 이 과정은 우리가 자신의 가치와 신념에 대해 더 깊이 성찰하게 만들며, 우리가 진정으로 중요하게 여기는 것이 무엇인지를 명확히 할 수 있는 기회를 제공합니다. 따라서, 외부 환경과의 불일치로 인한 불편함은 단순히 피해야 할 불편한 경험이 아니라, 자신을 더 잘 이해하고 성장할 수 있는 소중한 계기가 될 수 있습니다.

불확실성과 예측 불가능성

인간의 본성 중 하나는 안정과 예측 가능한 환경에서의 생활을 선호한다는 것입니다. 우리는 일상에서 일어나는 사건들을 예측하며 그에 따라 계획을 세우고, 미래에 대한 준비를 합니다. 그러나 삶은 항상 우리의 기대대로 흘러가지 않으며, 때때로 불확실한 상황과 예측할 수 없는 변화가 발생합니다. 이러한 **불확실성과 예측 불가능성은 우리에게 깊은 불안과 불편함**을 안겨줍니다.

예를 들어, 새로운 직업으로의 이직, 새로운 도시나 나라로의 이사, 혹은 인간관계에서의 크고 작은 변화들은 모두 불확실한 미래를 내포하고 있습니다. 우리는 이러한 상황들이 우리의 삶에 어떤 영향을 미칠지, 어떤 새로운 도전과 기회를 가져올지 미리 알 수 없습니다. 이로 인해 우리는 자연스럽게 불안과 긴장을 느끼며, 이것이 바로 불편함의 근본적 원인 중 하나가 됩니다.

불확실성과 예측 불가능성에 대한 불편함은 단순히 미래에 대한 두려움만이 아닙니다. 이는 우리가 자신의 능력과 적응력에 대해 의문을 갖게 하며, 삶의 통제력을 상실한 듯한 느낌을 줍니다. 우리는 안정적인 환경과 예측 가능한 결과를 선호하는 경향이 있기 때문에, 불확실한 상황은 우리의 이러한 기본적인 욕구와 대립됩니다.

「일상에서 겪을 수 있는

다양한 불확실성과 예측 불가능성 예시들」

• 경제적 불안

재정적 안정성에 대한 불확실성으로 인한 지속적인 걱정.

• 건강 관련 불안

자신이나 가족 구성원의 건강 문제로 인한 미래에 대한 불확실성.

• 관계의 미래

인간관계나 사랑하는 이와의 관계에서 느끼는 미래에 대한 불확실성.

• 경력 경로

직업적 미래나 경력 발전 가능성에 대한 불확실성.

• 사회적 위치

사회적 지위나 소속감에 대한 불확실성과 그로 인한 불안.

그러나, 이러한 **불확실성과 예측 불가능성은 또한 성장과 발전의 기회를 제공합니다.** 불편함을 경험하는 과정에서 우리는 자신의 한계를 시험하고, 새로운 상황에 적응하는 방법을 배웁니다. 이는 우리가 더 강해지고 유연해지게 만들며, 삶의 불확실성을 받아들이고 그 안에서 기회를 찾는 법을 가르쳐 줍니다.

따라서, 불확실성과 예측 불가능성에 대한 불편함을 완전히 피하는 것이 아니라, 이를 경험하고 그 안에서 배우는 것이 중요합니다. 이 과정을 통해 우리는 불확실한 미래에 대한 두려움을 극복하고, 삶의 불가피한 변화들을 더욱 긍정적으로 받아들일 수 있게 됩니다. 결국, 불확실성과 예측 불가능성은 삶의 일부이며, 이를 통해 우리는 더욱 성숙하고 완성된 인간으로 성장할 수 있습니다.

인지 부조화

인지 부조화는 우리의 가치, 신념, 그리고 지식 사이에 발생하는 모순이나 불일치를 의미합니다. 심리학자 레온 페스팅거가 제시한 이 이론은, **우리의 행동과 내면의 신념이 일치하지 않을 때 발생하는 깊은 내적 불편함**에 대해 설명합니다. 이러한 내적 불일치는 우리 삶의 다양한 영역에서 발생할 수 있으며, 그로 인한 불편함은 자아 성찰과 변화를 촉진하는 강력한 원동력이 됩니다.

예를 들어, 당신이 환경 보호의 중요성을 깊이 믿고 있다고 가정해봅시다. 그러나 어느 날, 당신이 플라스틱 사용을 줄이기 위한 노력 없이 일회용 제품을 계속 사용하는 자신을 발견했다면,

이는 당신의 행동과 신념 사이에 모순이 존재함을 나타냅니다. 이러한 모순은 당신에게 불편함을 유발하고, 이 불편함은 변화를 위한 동기 부여가 됩니다.

「일상에서 겪을 수 있는 다양한 인지부조화 예시들」

- **선택의 후회**
중요한 결정을 내린 후, 선택이 최선이었는지에 대한 의심.

- **기대치와 현실의 차이**
인생의 어떤 면에서 기대했던 것과 실제 결과 사이의 차이.

- **가치관의 충돌**
개인적 가치와 사회적 가치 사이 또는 두 가치 내에서의 충돌.

- **역할 갈등**
직업과 가정 혹은 다른 여러 사회적 역할 사이의 갈등.

- **정보의 모순**
서로 모순되는 정보나 의견에 노출되어 혼란을 느낄 때.

이런 인지 부조화의 불편함은 단순한 감정적 반응을 넘어서,

우리가 자신의 행동과 가치를 재평가하고 필요한 경우 이를 조정하려는 행동 변화로 이어질 수 있습니다. 이 과정에서 우리는 더 일관된 자아상을 구축하고, **우리의 가치와 행동 사이의 괴리를 줄이려는 노력**을 기울이게 됩니다. 따라서, 인지 부조화를 경험할 때 우리는 이를 부정적인 것으로만 여기지 말고, 자신을 더 잘 이해하고 성장할 수 있는 기회로 받아들여야 합니다. 이 불편함이 우리에게 제시하는 것은 자기 개선과 발전을 위한 도전이며, 자신의 신념과 행동을 보다 일치시키려는 노력을 통해 우리는 더 풍부하고 의미 있는 삶을 살아갈 수 있습니다.

인지 부조화를 인식하고 그로 인한 불편함에 직면하는 것은 용기를 필요로 합니다. 하지만 이 용기가 우리를 진정한 자아실현으로 이끄는 길잡이가 될 수 있습니다. 우리의 내면에 귀 기울이고, 가치와 행동 사이의 일치를 추구함으로써, 우리는 자신의 삶을 주도적으로 이끌어갈 수 있습니다. 인지 부조화를 통해 느끼는 불편함이 결국은 자기 인식의 확장과 개인적 성장의 촉매제가 될 수 있음을 기억합시다.

사회적 배제 또는 거부감

사회적 배제 또는 거부감은 우리 모두에게 영향을 미치는 강력한 요소입니다. 인간은 근본적으로 소속감과 인정을 받기를 원하는 사회적 존재입니다. 이러한 욕구가 충족되지 않을 때, 우리는 깊은 불편함과 불안을 경험하게 됩니다. 사회적 배제나 거부감은 친구 그룹이나 직장과 같은 사회적 환경에서 발생할 수 있으며, 이는 우리가 소속감을 느끼고 인정받는 것에 대한 근본적인 욕구와 직접적으로 충돌합니다.

예를 들어, 동료나 친구에 의해 외면받거나 소외되는 경험은 단순히 개인적인 거부 이상의 의미를 가집니다. 이러한 경험은 우리의 자아 존중감에 영향을 미치며, 우리가 자신과 타인을 바라보는 방식을 근본적으로 변화시킬 수 있습니다. 사회적 배제나 거부감은 우리로 하여금 왜 이러한 상황이 발생했는지, 우리 자신의 행동이나 태도에서 문제를 찾으려는 내적 탐구를 하게 만듭니다. 이 과정은 때로 자기 반성으로 이어질 수 있지만, 동시에 불필요한 자기 비판과 낮은 자존감으로도 이어질 수 있습니다.

「일상에서 겪을 수 있는
다양한 사회적 배제 또는 거부감 예시들」

- **직장에서의 배제**
직장 내에서 동료들 사이의 친목 활동에서 자주 배제되거나,
중요한 회의나 결정 과정에서 제외될 때.

- **학교에서의 괴롭힘**
학교에서 괴롭힘을 당하거나, 집단에서 고의적으로 무시당
할 때.

- **소셜 미디어에서의 고립**
온라인 커뮤니티나 소셜 미디어에서 타인과의 상호작용이
적거나, 게시물에 반응이 없을 때 느끼는 소외감.

- **문화적 차이로 인한 배제**
다른 문화적 배경을 가진 커뮤니티 내에서 자신의 문화나
언어가 다르다는 이유로 배제되거나 무시당할 때.

- **경제적 배제**
경제적 어려움으로 인해 다른 사람들이 참여하는 활동이나
사회적 모임에 참여할 수 없을 때.

이러한 경험은 우리로 하여금 소속감을 찾고, 인간관계를 개선
하려는 노력을 하게 만듭니다. 이는 긍정적인 측면에서는 개인적
성장과 발전의 기회를 제공할 수 있지만, 반면에 우리가 진정으로
원하는 것과 일치하지 않는 관계나 집단에 속하려는 부적절한 압

력을 느끼게 할 수도 있습니다.

사회적 배제나 거부감이 유발하는 불편함은 우리에게 중요한 메시지를 전달합니다. 이는 **우리가 자신의 가치와 소중히 여기는 관계에 대해 다시 생각하게 하고, 자신을 둘러싼 사회적 환경과의 관계를 재평가할 기회를 제공합니다.** 따라서, 사회적 배제나 거부감을 경험할 때 이를 자기 성찰의 계기로 삼고, 진정으로 중요한 인간관계를 구축하는 방향으로 나아갈 수 있는 동기를 찾는 것이 중요합니다.

기본적 욕구의 불충족

아브라함 매슬로우의 욕구 계층 이론은 인간의 기본적인 욕구와 그 충족이 우리의 심리적 안정과 성장에 얼마나 중요한지를 설명합니다. 이 이론에 따르면, 우리는 생리적 욕구, 안전의 욕구, 소속과 사랑의 욕구, 존경의 욕구, 그리고 자아실현의 욕구 등 계층적으로 배열된 여러 단계의 욕구를 가지고 있습니다. 이 중 어느 하나라도 충족되지 않을 경우, 우리는 불편함을 경험하게 됩니다. 특히, 생리적 욕구와 같은 기본적인 욕구뿐만 아니라 안전, 소속감, 존경 등의 더 고차원의 욕구가 충족되지 않을 때, 우리는 더 큰 불편함을 느낄 수 있습니다.

기본적인 욕구가 충족되지 않는 상황은 우리의 일상생활에 직접적인 영향을 미칩니다. 예를 들어, 안전과 보안의 욕구가 충족되지 않으면 불안감과 두려움이 증가하고, 이는 일상의 결정과 행동에 부정적인 영향을 미칠 수 있습니다. 마찬가지로, 소속감과 사랑의 욕구가 충족되지 않을 때, 우리는 외로움과 고립감을 느끼며, 이는 사회적 관계와 정서적 안정성에 영향을 줍니다. 존경의 욕구가 충족되지 않는 상황에서는 자신감의 감소와 자아존중감의 저하를 경험할 수 있으며, 이는 개인의 성과와 사회적 상호작용에 부정적인 영향을 미칩니다.

「일상에서 겪을 수 있는
다양한 사회적 배제 또는 거부감 예시들」

• 식량 및 주거의 불안정
충분한 음식을 구할 수 없거나, 안정적인 주거 환경이 보장되지 않을 때.

• 건강 관리 접근성 부족
필요한 의료 서비스나 치료를 받을 수 없을 때, 건강 문제가 방치되는 상황.

• 안전의 결여
신체적, 정서적 폭력이나 학대에 노출되어 있거나, 일상생활에서 안전하지 않다고 느낄 때.

• 정서적 지지 부족
가족, 친구, 동료 등으로부터의 정서적 지지나 애정이 부족할 때, 고립감과 외로움을 경험.

• 자아실현 기회의 부재
자신의 능력을 발휘하고, 개인적 성장과 발전을 위한 기회가 제한될 때, 자신의 잠재력을 충분히 실현하지 못하는 상태.

이러한 욕구의 불충족은 단순히 물리적이거나 정서적인 불편함을 넘어, 우리의 심리적 건강과 성장에 중대한 영향을 미칩니다. 욕구의 충족은 우리가 안정적이고 만족스러운 삶을 영위하는 데 필수적이며, 개인의 잠재력을 최대한 발휘하고 자아실현을 추구하는 데 있어 중요한 기반이 됩니다.

따라서, 우리는 자신의 욕구와 그 충족 상태에 대해 깊이 이해하고, 이를 바탕으로 건강한 생활 방식과 만족스러운 인간관계를 구축하는 데 주의를 기울여야 합니다.

기본적 욕구의 불충족이 우리 삶에 불편함을 유발한다는 인식은 우리로 하여금 **자신과 타인의 욕구에 더욱 세심한 관심**을 기울이게 합니다. 이는 또한 우리가 자신의 욕구를 충족시키고, 다른 사람의 욕구를 존중하며 지원하는 방법을 찾도록 도와줍니다. 이러한 이해와 노력은 우리가 더 건강하고 조화로운 삶을 영위하는 데 기여할 것입니다.

 이렇듯 불편함은 우리 삶의 필연적인 부분이며, 우리가 성장하고 발전하는 데 중요한 역할을 합니다. 그러나 일반적으로 사람들은 불편함을 느끼면 본능적으로 피하려고 합니다. 이는 불편함이 주는 불안감이나 두려움으로부터 자신을 보호하고자 하는 자연스러운 반응입니다. 그러나 이러한 회피는 단기적인 안도감을 줄수는 있지만, 장기적으로는 우리가 직면해야 할 문제나 내면의 갈등을 해결하는 데 도움이 되지 않습니다.

 <불편함을 꽉 붙들기>라는 주제를 다루며 우리는 자신의 내면적 갈등과 외부 세계와의 충돌을 통해 얻는 깊은 성찰과 성장의 여정을 탐구해왔습니다. 이러한 과정은 우리 각자가 마주하는 불편함을 단순히 피하려는 것이 아니라, 그 안에서 자신의 가치를 실현하고 진정한 성장을 이루기 위한 기회로 활용할 수 있음을 보여줍니다.

 이러한 여정을 상징적으로 보여주는 인물이 바로 미겔 데 세르

반테스의 『돈 키호테』입니다. 돈 키호테의 이야기를 통해, 우리는 불편함을 마주하고 그것을 극복하는 과정에서 얻을 수 있는 깊은 교훈과 영감을 함께 공유하고자 합니다.

『돈 키호테』의 주인공은 자신의 꿈을 살아가며 현실과 이상 사이에서 깊은 불편함을 경험합니다. 그의 불편함은 주로 그가 사랑하고 추구하는 기사도의 고귀한 이상과 냉혹한 현실 사이의 괴리에서 비롯됩니다. 돈 키호테는 이상적인 세계를 실현하고자 하는 열망을 가지고 있지만, 그의 주변 환경은 그의 꿈을 이해하거나 지지하지 않습니다. 사람들은 그를 미쳤다고 비웃고, 그의 행동을 이해하지 못합니다. 이러한 사회적 거부감은 돈 키호테에게 커다란 불편함으로 다가옵니다.

그러나 돈 키호테는 이 불편함을 자신의 성장과 발전의 기회로 삼습니다. 그는 자신의 신념을 굽히지 않고, 현실의 도전에 맞서 싸우며 자신의 이상을 쫓습니다.

이 과정에서 그는 풍차와 싸우고, 양 떼를 군대로 착각하는 등 환상과 현실 사이를 오가며 수많은 모험을 겪습니다. 이 모든 경험은 돈 키호테에게 중요한 교훈을 제공합니다. 그는 자신의 이상을 추구하는 과정에서 겪는 실패와 조롱 속에서도 포기하지 않음으로써, 진정한 용기와 끈기가 무엇인지를 배웁니다.

돈 키호테의 여정은 자신의 불편함을 극복하려는 그의 노력을 통해, 현실을 초월한 가치와 신념을 실현할 수 있다는 것을 보여줍니다. 그의 이야기는 우리에게 자신의 신념을 따라가는 것의 중요성을 일깨워줍니다. 그는 비록 사회적으로는 실패한 인물로 여겨질지 모르지만, 자신의 이상을 향한 끝없는 추구와 불굴의 의지로 진정한 영웅이 됩니다.

돈 키호테의 삶은 우리 모두에게 감동적인 메시지를 전달합니다. 그의 이야기를 통해 우리는 자신의 내면에 깊이 숨겨진 불편함을 마주하고, 그것을 극복하는 과정에서 우리 자신이 더 성숙하고 강해질 수 있음을 깨닫습니다. 돈 키호테는 현실의 제약을 넘어서 자신의 꿈과 이상을 좇는 것의 진정한 의미를 보여주며, 그 과정 속에서 발견한 가치와 성장은 우리 모두에게 깊은 영감을 줍니다.

그의 이야기는 우리에게 묻습니다.

"당신은 자신의 불편함을 어떻게 마주하고 극복할 것인가?"

돈 키호테의 여정은 우리 모두가 자신의 삶에서 겪는 도전과 불편함 속에서도, 포기하지 않고 꿈과 이상을 향해 나아갈 수 있는 용기를 가질 수 있음을 상기시켜줍니다. 이는 진정으로 추구하는 가치를 실현하는 길이며, 그 과정 속에서 우리 자신의 진정한 모습을 발견하는 여정입니다. 불편함을 피하는 것이 아니라, 그것을 선물로 여기고 삶에 긍정적으로 적용하는 것이 우리의 성장과 발전에 더욱 유익합니다. 불편함의 순간들은 우리에게 내면의 목소리를 듣고, 자신을 더 깊이 이해할 수 있는 소중한 기회를 제공합니다. 이를 통해 우리는 자신의 신념, 가치, 욕구 및 두려움을 더 명확하게 인식하게 되며, 이러한 자기 인식은 우리가 삶을 긍정적인 방향으로 변화시킬 수 있는 힘을 갖게 합니다.

불편함의 순간을 긍정적으로 적용하는 것은 우리로 하여금 일상에서 마주치는 도전과 어려움에 대해 다른 시각에서 바라볼 수 있게 하며, 이는 삶의 문제에 더 창의적이고 유연하게 대처할 수 있도록 돕습니다. 불편함이 주는 교훈을 받아들임으로써, 우리는 자신의 한계를 넘어서는 성장을 경험할 수 있습니다.

불편함을 경험할 때마다 그것을 성찰의 기회로 받아들이고, 그 안에서 자신의 성장을 위한 교훈을 찾는 것이 중요합니다. 이렇게 불편함을 삶의 선물로 여기고, 그 안에서 자신만의 가치와 진실을 발견하는 것이야말로, 더 충실하고 만족스러운 삶으로 나아가는 길입니다.

따라서, 불편함을 피하려는 본능을 넘어서, 그것을 삶의 선물로 받아들이는 태도를 갖추는 것이 우리 각자의 발전과 성장에 있어 큰 도약이 될 것입니다.

2) 감정과 생각이 아닌 나

**'일체유심조(一切唯心造) - 모든 것은 오직 마음에 의해 만들어
진다.'**

이 고대의 지혜는 우리가 경험하는 세계가 어떻게 형성되는지
에 대한 근본적인 진실을 말해줍니다. 마음이라는 거울 앞에서,
우리는 감정과 생각이 지나가는 무수한 형상을 바라보게 됩니다.
이 형상들은 순간적이며 변화무쌍하나, 그 속에서도 우리는 끊임
없이 '나'라는 정체성을 찾으려 애씁니다. 하지만 이러한 감정과
생각이 과연 우리가 누구인지를 진정으로 정의할 수 있을까요?

우리는 우리가 경험하는 감정과 생각이 자신이라고 믿게 됩니
다. 슬프다고 느끼면 슬픔이 우리 자신이 되고, 기쁘다고 느끼면 그
기쁨에 우리 자신을 동일시합니다. 이러한 현상은 인간의 본성에
서 비롯되는 것으로, 자신의 감정과 생각을 '나'라고 여기는 것은
너무나 자연스러운 일입니다. 하지만 이러한 동일시는 우리가 진
정한 자신을 이해하고 성장하는 데 있어 중대한 장애물이 됩니다.

우리의 감정과 생각은 무의식의 틀에 의해 크게 영향을 받습니
다. 이 틀은 우리의 과거 경험, 교육받은 가치관, 사회적 환경 등

에 의해 형성되며, 우리가 세상을 바라보는 방식을 규정지었습니다. 이러한 무의식의 틀은 우리가 어떤 상황에 어떻게 반응할지, 어떤 감정을 느낄지에 대한 기본적인 지침이 되어 무의식에 박혔습니다. 여기서 문제는 우리가 이 틀을 절대적인 진실로 받아들이고, 그 안에서 발생하는 감정과 생각을 '나'라고 여기기 시작할 때 발생합니다.

우리가 감정이나 생각을 '나'라고 여기게 되면 우리는 자신의 진정한 본질에서 멀어집니다. 우리의 진정한 '나'는 변화하는 감정이나 생각에 의해 정의될 수 없는, 훨씬 더 깊고, 고정되지 않은 존재입니다. 감정과 생각은 우리 삶의 일부분일 뿐, 우리가 누구인지를 전체적으로 대변하지 않습니다.

마르쿠스 아우렐리우스는 이를 명확하게 인식하고 있었습니다.

"우리가 겪는 모든 일은 우리의 생각에 의해 형태를 갖춥니다. 인생에서 일어나는 일은 자체적으로는 아무 의미도 없습니다. 의미는 우리가 그것에 부여하는 것입니다."

이러한 견해는 우리가 경험하는 감정과 생각이 객관적인 현실이 아니라, 우리 내면의 해석에 불과하다는 것을 시사합니다.

아우렐리우스는 또한 내면의 강인함을 강조합니다.

"너의 행복은 너 자신에게 달려있다."

감정과 생각에 의해 좌우되지 않는 행복은, 외부 세계가 아니라 우리 자신의 내면에서 발견됩니다. 이는 우리가 자신의 마음을 어떻게 다스리고, 생각과 감정을 어떻게 관리하는지에 따라 달라집니다. 감정과 생각이 우리를 휘두르는 대신, 우리는 그것들을 관찰하고 이해함으로써 그 위에 군림할 수 있습니다.

"너 자신을 떠난 것이 아무것도 너를 해치지 못한다."

우리가 외부 사건들에 대한 반응을 선택할 수 있는 힘을 가지고 있음을 상기시켜 줍니다. 이는 우리가 감정이나 생각에 휩쓸리지 않고, 그 대신 명상과 성찰을 통해 그것들을 초월할 수 있음을 의미합니다.

아우렐리우스는 우리에게 이러한 감정과 생각을 넘어서는 것의 중요성을 가르칩니다.

"너의 생각이 너를 해치지 않도록 하라. 너 자신이 너의 마음을 통제할 수 있다면, 너는 행복할 것이다."

이는 우리가 감정과 생각을 다스릴 수 있는 능력을 개발함으로써, 진정한 자유와 행복을 얻을 수 있음을 보여줍니다. 이를 깨닫는 순간, 우리는 감정과 생각에 매몰되지 않고 그것들을 관찰하는 자세를 취할 수 있게 됩니다. 마치 구름이 하늘을 가로지르듯, 감정과 생각도 우리 내면의 하늘을 지나가는 일시적인 현상입니다.

우리는 이 구름들이 지나가는 것을 바라보며, 그것들이 우리 내면의 평화를 깨트릴 수 없음을 깨달을 수 있습니다.

하늘은 원래 푸르른 것입니다. 때로는 구름이 온 하늘을 덮을 수 있지만, 그것이 하늘의 본질적인 푸르름을 변화시키지는 못합니다. 구름은 오고 가는 현상일 뿐, 하늘의 근본적인 상태에 영향을 주지 않습니다. 마찬가지로, 우리의 감정과 생각도 우리 내면의 하늘을 잠시 덮을 수는 있지만, 우리의 본질적인 평화와 고요함을 바꿀 수는 없습니다.

우리가 감정과 생각을 구름으로 바라볼 때, 중요한 것은 이 구름들이 언제나 변화하고 있다는 사실입니다. 슬픔, 분노, 기쁨, 두려움 등의 감정이나 여러 생각들이 우리 마음의 하늘을 지나가지만, 그것들은 영구적인 상태가 아닙니다. 그리고 이 구름들이 지나간 후에도, 우리 내면의 하늘은 여전히 푸르르고 평온한 상태로 남아 있습니다.

이러한 인식을 통해 우리는 감정과 생각에 대한 새로운 관점을 갖게 됩니다. 우리는 더 이상 일시적인 감정이나 생각에 자신을 동일시하지 않게 되며, 대신 그것들을 한발짝 떨어져서 관찰할 수 있는 능력을 명상 수련을 통해 개발할 수 있습니다. 이 과정에서 우리는 자신의 진정한 본성, 즉 변하지 않는 평화와 고요함을 갖고 있는 깊은 내면의 존재를 발견하게 됩니다. 따라서, 우리는 감정과 생각이 우리를 지배하는 것이 아니라, 우리가 그것들을 관찰하고 선택할 수 있는 자유를 갖고 있음을 인식하게 됩니다. 이러한 깨달음은 우리에게 내면의 평화를 찾아가는 길을 열어줍니다. 우리는 구름이 지나가듯 변화하는 감정과 생각에 흔들리지 않고, 자신의 본질적인 평온함을 유지할 수 있게 됩니다. 우리 내면의 하늘은 항상 푸르르며, 이는 우리가 직면하는 어떤 상황에서도 변하지 않는 진실입니다.

이러한 관찰자의 자세는 우리에게 자유를 선사합니다. 우리는 감정이나 생각에 휘둘리지 않고, 그것들을 건강하게 다루는 방법을 배울 수 있습니다. 이것을 통해 우리가 자신의 감정과 생각을 더 잘 이해하고, 자기 자신을 더 깊이 알아갈 수 있습니다. 더 이상 감정이나 생각에 자신을 동일시하지 않음으로써, 진정한 자아를 발견하고, 그것을 통해 자신의 삶을 더 풍요롭게 만들 수 있습니다.

우리 내면에 일어나는 생각과 감정의 끊임없는 흐름 속에서 우리 자신을 잃지 않으려면, 자신을 마치 태양처럼 높은 관점에서 바라보는 관찰자로서의 연습이 필요합니다. 이러한 실천은 마치 태양이 지구 위의 모든 것을 조용히 관찰하면서도 그것들에 휘둘리지 않는 것처럼 만들어줍니다. 인도의 위대한 영성가이자 철학자인 스리 아우로빈도는 이러한 관점을 '**내적 관찰자(Inner Observer)**'라고 불렀습니다.

그는 "인간이 자신의 생각, 감정, 행동들을 자신과 분리된 것으로 보고, 그것들을 조용한 관찰자의 입장에서 지켜볼 수 있게 되면, 진정한 자아에 더 가까워질 수 있다"고 말했습니다. 이는 마치 태양이 지구 위의 모든 것을 비추면서도, 그 자체로 변하지 않고 빛나는 것과 같습니다. 스토아 철학에서도 비슷한 개념을 찾을 수 있습니다.

마르쿠스 아우렐리우스는 자신의 『명상록』에서 "너 자신을 너와 분리시켜라. 너의 본질적인 자아를 너의 생각과 감정, 행동들에서 분리시켜라"라고 조언합니다.

저는 매일의 '일기 쓰기', '명상', '호흡 관찰'을 통해 깨달음을 얻었습니다. 처음에는 간단한 습관처럼 시작했던 이 일들이, 점차 저의 일상에 깊이 스며들면서 삶의 방식 자체를 변화시켰어요.

일기를 쓰면서 저는 제가 겪는 감정과 생각들을 종이 위에 옮겨놓았습니다. 처음엔 그저 단순한 기록처럼 느껴졌지만, 시간이

지날수록 그것들이 저와는 별개의 것임을 인식하기 시작했어요. 감정과 생각이 저를 지배하지 않고, 저는 그저 그것들을 지켜보는 관찰자가 될 수 있었습니다.

명상은 저에게 현재 순간에 머물면서 내면의 소리에 귀 기울이는 법을 알려주었습니다. 매일 조금씩 시간을 내어 명상을 하면서, 저는 제 마음속을 가로지르는 생각의 흐름과 감정의 파도를 조용히 관찰하는 법을 배웠어요. 이 과정에서 저는 점점 더 내면의 평화와 조화를 느낄 수 있게 되었고, 이는 저에게 큰 선물이었죠.

호흡 관찰은 제가 감정과 생각으로부터 한발 물러나 있게 해주었습니다. 각 호흡을 따라가며, 마음이 흔들릴 때마다 그 순간을 관찰자의 눈으로 바라보았어요. 호흡을 통해 저는 제 자신과의 거리를 두고, 생각과 감정이 저를 정의하지 않는다는 것을 깨달았습니다.

이 세 가지 실천을 통해 얻은 깨달음은 제 삶에 깊은 영향을 미쳤습니다. 저는 이제 제 생각과 감정에 휘둘리는 일이 줄어들었습니다. 대신, 제가 진정으로 누구인지, 그리고 제 내면의 평화가 어디에서 비롯되는지에 대해 더 깊이 이해하게 되었습니다.

한 날은 평소와 같이 바쁜 하루를 보내고 있었습니다. 업무에 치여 스트레스가 쌓여가던 중, 갑작스럽게 내리기 시작한 비에 저는 짜증이 났습니다.

"아, 우산도 안 가져왔는데……, 하필……."

그 순간, 모든 것이 불편하고 귀찮게만 느껴졌습니다. 부정적인 생각이 점차 제 머릿속을 지배하려고 했습니다. 하지만 그런 제 감정을 잠시 멈추고 관찰하기로 했습니다.

비가 내리는 소리에 귀를 기울이며, 저는 숨을 깊게 들이쉬었습니다. 그러고는 저의 짜증과 스트레스가 저와는 별개의 것이라는 사실을 상기시켰습니다. 저는 그저 그 상황을 지켜보는 관찰자가 되기로 했습니다.

이전 같았으면 비 때문에 느끼는 불쾌함과 업무 스트레스가 저를 온전히 지배했겠지만, 이날 저는 다르게 반응하기로 결심했습니다. 저는 잠시 창가로 걸어가 비가 내리는 모습을 바라보았습니다. 비가 내리는 것이 저의 감정이나 하루를 망치는 것이 아니라, 단지 자연의 한 부분이라는 것을 깨달았습니다. 그 순간, 저의 마음은 조금씩 평온해지기 시작했습니다.

이 경험을 통해, 저는 감정이나 생각, 그리고 그 순간에 대한 저의 반응이 저를 정의하지 않는다는 것을 알게 되었습니다. 그것들은 모두 변할 수 있는 것이며, 저는 그것들에 매몰되지 않고 선택할 수 있는 힘이 있다는 것을 깨달았습니다.

이제 저는 스트레스가 쌓일 때마다 혹은 일상에서 예상치 못한 상황에 직면했을 때, 잠시 멈추고 내면의 관찰자가 되어 그 순간을 바라보려고 노력합니다. 이러한 실천을 통해 저는 일상 속에서 진정한 평온을 찾아가고 있습니다. 우리 모두가 각자의 방식으로 내면의 평온을 찾을 수 있기를 바랍니다.

인간의 경험은 대체로 마음과 생각, 그리고 감정의 삼박자로 이루어집니다. 우리의 마음은 끊임없이 생각을 생성하며, 이 생각들은 다시 감정을 불러일으킵니다. 이러한 감정은 우리가 세상을 어떻게 인식하고 반응하는지에 깊은 영향을 미칩니다. 그러나 중요한 것은, 이 모든 과정이 우리 내부에서 일어나는 현상이라는 점입니다. 우리는 종종 이 내부 세계의 활동을 '나'라고 오인하며, 그것에 매몰되어 자신을 잃어버리곤 합니다.

우리가 자신을 감정이나 생각과 동일시하지 않아도 되는 이유는, 우리가 그것들을 관찰하고 선택할 수 있는 능력을 갖고 있기 때문입니다. 우리는 관찰자이며, 마음과 감정의 흐름을 바라보는 존재입니다. 이 관찰자의 위치에서 우리는 생각과 감정이 일어나는 것을 인지할 수 있지만, 그것들에 휘둘리지 않고 그저 바라볼 수 있습니다. 이러한 거리두기는 우리에게 선택의 자유를 주며, 반응 대신 응답을 선택할 수 있게 합니다.

이해해야 할 중요한 점은, 생각과 감정이 우리의 일부이긴 하지만 우리 전체가 아니라는 것입니다. 우리는 더 넓은 존재, 즉 이 모든 경험을 포괄할 수 있는 넓은 마음을 가지고 있습니다. 이 넓은 마음에서 우리는 생각과 감정을 넘어선 자신을 발견할 수 있으며, 이는 우리에게 진정한 자유와 평화를 가져다줍니다.

우리가 감정과 생각에서 벗어나 진정한 자신을 발견하는 길은 명상, 자기 성찰, 그리고 의식적인 관찰을 통해 가능합니다. 이러한 실천을 통해 우리는 무의식의 틀을 넘어서 자유롭고 창조적인 삶을 살 수 있는 능력을 개발할 수 있습니다. 결국, 우리는 감정이나 생각이 아닌, 그것들을 넘어선 더 깊은 존재로서 자신을 발견하게 됩니다. 이 인식이 우리에게 진정한 자유를 가져다주며, 삶을 풍요롭고 의미 있게 만들어줍니다.

3) 일상 속에서 늘 깨어있기

명상은 단순히 조용한 곳에서의 정적인 활동이 아니라, 다양한 형태와 기법을 포함하는 광범위한 실천으로, 우리의 일상에서 무의식의 틀을 수시로 알아차리고 발견할 수 있는 최고의 방법 중 하나입니다.

사실 명상은 우리 모두에게 내재된 자연스러운 능력입니다. 명상이라는 실천은 단순히 외부에서 배우는 기술이나 방법론이 아니라, 우리 각자의 내부 깊은 곳에 이미 존재하는 자연스러운 능력의 발현입니다. 이는 우리 모두가 타고난 내면의 평화와 진정한 자아를 탐색할 수 있는 본능적인 능력을 가지고 있다는 것을 의미합니다. 명상을 통해, 우리는 이 능력을 깨우고 활성화시키며, 자기 자신과의 깊은 연결을 경험하게 됩니다.

명상이라는 게 종교적 수행이나 복잡한 심신 수련법으로 여겨질 수 있지만, 실제로는 훨씬 더 일상적이며, 누구나 접근할 수 있습니다. 우리는 각자 자신의 마음과 생각을 깊이 이해하며, 그 안에서 일어나는 생각과 감정을 인식할 수 있는 능력을 타고났습니다. 이는 우리에게 매우 자연스러운 과정이며, 명상을 통해 이러한 능력을 더욱 발전시키고, 일상 속에서 무의식의 틀을 알아차리며, 틀을 깨뜨리는 데 중요한 도구가 됩니다.

또한 불교에 대해 이야기할 때, 우리는 종종 그것을 신을 모시는 종교로 생각하기 쉽습니다. 하지만 불교는 그런 종류의 종교와는 조금 다릅니다. **'붓다'**라는 말 자체가 **'깨어난 사람'**이라는 뜻을 가지고 있는 것처럼, 불교는 우리 모두 안에 이미 있는 깨달음의 능력을 키워서 진정으로 깨어있는 삶을 살아가고자 하는 길을 안내합니다. 불교의 핵심은 외부의 신을 숭배하는 것이 아니라, 바로 우리 자신의 내면을 탐구하고 그 안에서 깨달음을 찾아가는 여정에 있습니다. 이 과정에서 명상과 같은 실천을 통해, 우리는 자신의 마음과 생각을 깊이 들여다보고, 순간순간에 더 깊이 연결될 수 있게 됩니다. 무의식의 틀을 알아차리고 그것을 넘어서는 경험은, 바로 우리가 명상을 통해 얻을 수 있는 깨달음의 한 예라고 할 수 있습니다.

불교는 우리에게 외부에 의존하기보다는, 자신의 내면에 주목하고, 거기에 있는 힘과 지혜를 발견하고 활용하라고 권합니다. 그것은 마치 우리 모두 안에 있는 깨달음으로 가는 문을 스스로 찾고 열 수 있다고 말하는 것 같습니다. 우리가 일상에서 깨어있는 의식을 유지하며 살아간다면, 우리 모두가 깨달음의 길 위에 있다는 것을 알게 될 것입니다.

불교가 추구하는 건, 우리가 자신의 생각과 감정, 행동의 주인으로서 더 의미 있고 평화로운 삶을 살아가는 것입니다. 이런 점에서 불교는 단순히 신을 모시는 종교를 넘어서, 우리 각자의 내면적인 깨달음과 성장을 추구하는 매우 개인적이면서도 깊은 정신적 경로라고 할 수 있습니다. 우리 모두가 내면의 빛을 발견하고, 그 빛을 따라 자유롭고 평화로운 존재로 거듭날 수 있는 여정, 바로 그것이 불교가 우리에게 알려주는 길입니다.

제가 평소에 명상을 수행하는 방법은 두 가지입니다.

첫 번째는 아침과 자기 전에 시간을 정해 놓고 집중적으로 명상을 하는 것이고, **두 번째**는 일상생활 속에서 자연스럽게 명상을 수행하는 것입니다. 이 두 가지 방법을 병행함으로써, 명상의 이점을 하루 종일 경험할 수 있게 되었습니다.

아침에 일어나자마자 그리고 밤에 잠자리에 들기 전 명상을 하는 것은 하루를 시작하고 마무리하는 의식으로, 마음을 집중시키고 하루 동안의 생각과 감정을 정리하는 데 도움을 줍니다. 이 시간에 명상을 함으로써 우리는 내면의 평화를 찾고, 스스로를 재충전할 수 있으며, 하루의 도전과 활동에 대비할 수 있게 됩니다.

하지만 명상의 실천은 이러한 정해진 시간에만 국한되지 않습니다. 일상에서 자연스럽게 수행하는 명상은 우리가 순간순간에 더 깊이 존재하고, 현재의 경험에 더욱 집중할 수 있게 해줍니다. 예를 들어, 걸을 때 발바닥이 땅에 닿는 느낌을 의식하거나, 식사를 할 때 음식의 맛과 질감에 집중하는 것처럼 말이죠. 이렇게 일상적인 활동 속에서 마음챙김을 실천함으로써, 우리는 무의식적인 반응에서 벗어나 현재를 더 풍부하게 경험하게 됩니다.

명상의 실천은 다양한 형태와 기법을 포함하지만, 그중에서도 '마음챙김(Mindfulness) 명상'은 우리의 일상생활에서 특히 강력한 변화를 일으킬 수 있는 연습입니다. 마음챙김 명상은 우리가 현재 순간의 경험에 의도적으로 주의를 기울이고, 그 경험을 판단하지 않는 태도로 받아들이는 연습을 말합니다. 이는 불교 전통에서 유래했지만, 현대에 와서는 그 혜택이 과학적 연구를 통해 널리 인정받으며, 다양한 문화와 생활 방식에 적용되고 있습니다.

마음챙김 명상은 단순히 명상 시간에만 국한되지 않습니다. 실제로, 이 연습은 우리의 일상적인 활동 속에 깊이 통합될 수 있으며, 우리가 경험하는 모든 순간에 더 깊은 의미와 연결을 가져다 줍니다. 이것은 현재 순간에 더 깊이 존재하고, 생활 속에서 평온과 집중력을 향상시키며, 자신과 주변 세계와의 관계를 더욱 긍정적으로 만들 수 있도록 돕습니다.

이제 제가 소개할 명상법들은 모두 이러한 마음챙김 명상에서 영감을 받은 것들입니다. 호흡에 집중하기부터 걷기 명상, 식사 명상에 이르기까지, 이 방법들은 모두 현재 순간에 더 깊이 집중하고, 일상 속에서의 알아차림을 증진시키는 데 중점을 둡니다. 이러한 실천을 통해 우리는 각 순간을 더 풍부하게 경험하고, 삶의 질을 향상시킬 수 있습니다.

마음챙김 명상의 실천을 일상에 통합함으로써 우리는 단순히 살아가는 것이 아니라, 각 순간을 완전히 살아가며, 내면의 평화와 깨달음에 한 걸음 더 다가설 수 있게 됩니다. 이제, 일상에서 쉽게 실천할 수 있는 명상법들을 소개하면서 이러한 방법들이 어떻게 우리의 삶을 변화시킬 수 있는지 살펴보겠습니다.

호흡에 집중하기(호흡명상)

호흡에 집중하는 명상은 가장 오래되고 광범위하게 실천되는 명상 기법 중 하나입니다. 불교와 요가 전통에서 중요한 역할을 하며, 마음을 안정시키고 집중력을 향상시키는 데 도움을 줍니다. 호흡은 생명의 근원이며, 순간적인 현재의 상태를 반영합니다. 호흡에 집중함으로써 우리는 내면의 소란을 진정시키고, 마음의 존재감을 높일 수 있습니다.

• 수행 방법
편안한 자세로 앉거나 누워서 자연스럽게 호흡하며, 들숨과 날숨에 주의를 기울입니다. 호흡의 깊이, 속도, 그리고 호흡이 몸의 어느 부분에 영향을 주는지 관찰하세요. 마음이 흩어지면 부드럽게 다시 호흡에 초점을 맞춥니다.

걷기 명상

걷기 명상은 주로 '젠(Zen) 불교'[4] 에서 발전한 실천 방법으로, 명상적인 걷기를 통해 마음을 집중하고 현재에 머물도록 합니다. 걷기는 자동적인 활동이지만, 걷기 명상을 통해 이 일상적인 행동이 의식적인 실천으로 변화됩니다. 이 방법은 몸과 마음이 하나 되는 경험을 제공하며, 우리가 환경과의 연결을 강화하고, 순간의 아름다움을 더 깊이 인식할 수 있게 합니다.

• 수행 방법

조용한 길을 천천히 걸으며, 각 걸음에 주의를 기울이세요. 발이 땅에 닿는 감각, 몸의 움직임, 주변 환경의 소리와 냄새에 집중합니다. 걷는 동안 내면의 생각이나 감정이 떠오르더라도 판단하지 말고 다시 걸음과 호흡에 초점을 맞춥니다.

---

4. 일본에서 발전한 불교의 한 형태이며, 한국에서는 '선(禪) 불교'로 알려져 있습니다. 이는 중국의 찬불교에서 유래했고, 말과 문자를 넘어서 자기 마음을 직접 깨닫는 것을 핵심 가르침으로 합니다. 선불교는 일상생활 속에서의 깨어 있음과 앉아서 하는 명상(좌선)을 중요한 수행으로 여깁니다.

식사 명상

식사 명상은 의식적으로 음식을 섭취하는 과정을 통해 마음챙김을 실천하는 방법입니다. 이는 우리가 무심코 수행하는 식사 활동에 깊은 주의와 감사를 가져옴으로써, 음식과의 연결을 강화하고, 현재 순간에 더 깊이 몰입하게 합니다. 식사 명상은 음식을 통해 삶의 기본적인 영양을 넘어 영적인 만족과 감사의 마음을 경험하게 합니다.

• 수행 방법

식사를 할 때, 음식의 색, 냄새, 맛, 질감에 집중해 보세요. 천천히 먹으며, 음식을 만든 사람과 그것이 당신에게 오기까지의 모든 과정에 감사하는 마음을 가져봅니다. 한 입 한 입 천천히 씹으며, 그 순간순간을 온전히 경험해 보세요.

듣기 명상

듣기 명상은 주변의 소리에 집중하여 수행하는 명상 방법입니다. 이는 우리가 종종 무시하거나 자동적으로 반응하는 소리에 대한 의식적인 인식을 증진시킵니다. 소리에 집중함으로써, 우리는 순간의 변화와 다양성을 인식하고, 순간에 더 깊이 몰입할 수 있습니다.

• 수행 방법

조용한 곳에서 몇 분간 눈을 감고, 주변의 다양한 소리에 주의를 기울입니다. 가까운 소리부터 멀리 있는 소리까지, 판단 없이 모든 소리를 듣습니다. 소리가 생기고 사라지는 것을 관찰하며, 그 과정에서 마음의 평온을 경험하세요.

작업 명상

작업 명상은 일상적인 활동이나 업무를 통해 명상적 상태를 경험하는 방법입니다. 젠 불교에서 중요시되는 이 실천은, 우리가 수행하는 모든 일이 명상의 기회가 될 수 있음을 보여줍니다. 이를 통해, 우리는 일상의 작업을 통해 현재에 집중하고, 그 활동 자체에서 만족과 의미를 찾을 수 있습니다.

• 수행 방법
일상적인 활동(청소, 요리, 책상 정리 등)을 할 때, 그 활동에 완전히 몰입해보세요. 각 동작과 과정에 집중하며, 활동이 주는 감각과 경험에 주의를 기울입니다. 활동 중에 생각이 다른 곳으로 흐르면, 부드럽게 다시 현재의 작업으로 마음을 되돌리세요.

이처럼, 명상은 단지 일련의 기법이나 연습에 그치지 않습니다. 그것은 우리 각자가 일상 속에서 끊임없이 자신을 발견하고, 무의식의 틀을 넘어서는 여정입니다. 명상을 통해, 우리는 자신의 내면을 더 깊이 탐구하며, 생각과 감정이 우리를 규정하는 것이 아님을 깨달아갑니다. 이 깨달음은 우리에게 진정한 자유를 선사합니다. 무의식적인 반응에서 벗어나 의식적 선택을 할 수 있는 힘, 그리고 모든 순간을 충실하게 살아가는 용기를 줍니다.

명상은 또한 우리가 서로와, 이 세상과의 연결을 더 깊이 느끼게 합니다. 현재 순간에 더 깊이 머무는 것은 우리로 하여금 일상의 소소한 아름다움을 발견하게 하고, 우리 삶의 모든 관계에 더 깊은 의미와 목적을 부여합니다. 명상의 길을 걸으며, 우리는 스스로가 더 넓은 세상의 일부임을 인식하고, 우리의 존재가 가지는 무한한 가능성을 깨닫게 됩니다.

따라서, 명상은 단지 마음을 진정시키고 스트레스를 줄이는 수단을 넘어, 우리가 자신과 이 세계를 경험하는 방식을 근본적으로 변화시키는 힘을 가집니다. 그것은 우리 각자의 내면적 여정을 통해, 더 깊은 자기 이해와 평화를 찾아가는 데 도움을 주는 무한한 선물입니다. 이 여정을 통해, 우리는 진정으로 자유롭고 충만한 삶을 향해 한 걸음씩 나아갈 수 있습니다.

우리 모두가 이러한 여정을 통해 자신만의 속도로, 자신만의 방식으로 깨달음을 향해 나아가길 바랍니다. 명상은 우리 각자 안에 이미 존재하는 빛을 발견하고, 그 빛을 따라 우리 삶을 더욱 풍요롭고 의미 있게 만들어갈 수 있는 길잡이가 될 것입니다.

4) 내 마음 나도 모른다

"왜 화났어?"라는 질문에 대한 대답으로 "나도 몰라!"라고 답한 적이 한 번쯤은 있을 것입니다. 이는 우리가 자신의 감정을, 그리고 궁극적으로는 자신의 마음을 잘 모르고 있음을 의미합니다. 감정과 생각은 우리 마음의 속삭임이며, 우리가 왜 특정한 방식으로 느끼고 반응하는지를 이해하는 열쇠입니다. 그럼에도 불구하고, 우리는 이 마음의 속삭임을 듣기가 어렵다고 느낍니다. 이번에는 우리가 왜 자신의 마음을 잘 알지 못하는지, 그리고 이를 잘 알기 위해 어떤 노력을 할 수 있는지에 대해 이야기하고자 합니다.

「어느 평범한 오후였습니다. 저는 오랜 친구와 카페에서 차를 마시며 여러 가지 일상적인 이야기를 나누고 있었습니다. 그러던 중, 친구가 최근 겪고 있는 직장 문제에 대해 조언을 구했습니다. 저는 그 문제에 대한 해결책을 제시하려고 노력했지만, 친구는 제 말에 집중하지 못하는 듯 보였고, 제 의견에 대해 예민하게 반응했습니다.

그 순간, 제가 친구에게 실수한 게 있는지 궁금해졌습니다.

"왜 화났어?"라고 조심스럽게 물었습니다. 친구는 잠시 멈칫한 뒤, "나도 몰라, 그냥 모든 게 짜증나"라고 대답했습니다. 그 대답은 우리 둘 모두를 놀라게 했습니다. 분명히 우리 사이에 특별히 문제가 되는 것은 없었는데, 친구는 자신의 감정을 정확히 설명할 수 없었습니다.」

그 순간, 저는 우리가 자주 감정의 근원을 명확히 알지 못한다는 사실을 깨달았습니다. 우리의 감정과 생각은 마음 속 깊은 곳에서 우러나오는데, 그 복잡함 때문에 우리 스스로조차 왜 특정한 방식으로 느끼고 반응하는지 이해하기 어려운 것 같았습니다.

그날 이후, 저는 관계에서 발생하는 문제들이 때때로 우리가 자신의 마음을 잘 이해하지 못하기 때문에 발생한다는 것을 알아차리게 되었습니다. 그리고 이해하기 어려운 감정이나 반응이 나타날 때마다, '왜 그렇게 느끼는지'를 알아차리려고 노력하고 있습니다.

프리드리히 니체는 인간 존재의 복잡성과 심연을 탐구한 철학자로, 우리가 스스로의 마음을 이해하는 데 직면하는 어려움을 날카롭게 지적했습니다.

그의 작품들, 특히 『차라투스트라는 이렇게 말했다』와 『도덕의

계보』에서는 인간 내면의 심오한 깊이와 무의식의 힘을 인식하면서도, 이를 극복하고 자신의 본질에 다가서는 것의 중요성을 강조했습니다. 이를 통해 우리는 자기 자신을 이해하는 여정에 있어서의 장애와 그 장애를 넘어서는 방법에 대해 깊이 있게 탐구할 수 있습니다.

프리드리히 니체는 인간의 내면이 변화무쌍하고 복잡한 욕구, 감정, 생각들로 이루어져 있어 자신을 알기 어렵다고 지적했습니다. 이러한 인식은 우리가 자신의 진정한 욕구와 감정을 종종 억제하거나 무시하는 경향이 있다는 사실로 이어집니다. 사회적 규범, 문화적 가치, 그리고 개인적인 두려움과 불안은 우리가 자신의 진정한 감정을 표현하거나 추구하는 것을 막을 수 있습니다. 예를 들어, 사랑이나 창조적인 욕구를 표현하는 것이 부적절하다고 여겨지는 문화에서, 우리는 이러한 감정을 억압하게 되고, 이는 자기 이해를 방해하는 장애물이 됩니다.

무의식은 우리 행동과 반응의 근원지이며, 우리가 의식적으로 인식하기 어려운 많은 동기와 욕구가 숨어 있습니다. 니체는 이 무의식의 심연이 자기 이해의 과정을 복잡하게 만든다고 설명합니다. 무의식 속에 숨겨진 욕구와 갈등은 때때로 우리의 의식적인 결정과 반대되는 방향으로 우리를 이끌 수 있으며, 이를 이해하고 해석하는 것은 자기 탐구의 중요한 부분입니다. 인간의 내면은 마치 끊임없이 흐르는 강물과 같아서, 한순간도 동일한 상태로 머물지 않습니다. 우리의 감정, 생각, 욕구는 상황과 경험에 따라 변화하며, 때로는 서로 모순되는 방향으로 흘러갈 수도 있습니다.

니체의 사상은 우리에게 스스로의 내면을 깊이 탐구하고, 자신의 진정한 욕구와 감정을 이해하며, 무의식의 심연과 대면하는 것의 중요성을 다시 한번 상기시켜줍니다. 이러한 자기 탐구는 우리가 자신을 더 잘 이해하고, 자신의 삶을 보다 의미 있고 충족되게 만드는 데 필수적입니다. 니체는 우리가 자신의 내면과 진정으로 대면할 때만이 자유를 향한 여정을 시작할 수 있다고 믿었습니다. 이 과정은 고통스럽고 어려울 수 있지만, 그것은 우리가 우리 자신의 가장 큰 가능성을 실현할 수 있는 길임을 니체 또한 강조했습니다.

우리 마음은 복잡한 감정과 생각의 웹으로 이루어져 있으며, 이는 때때로 우리 자신조차 파악하기 어려운 수수께끼와 같습니다. 이러한 어려움의 근본적인 원인 중 하나는 우리가 자신의 내면보다 외부 세계에 더 많은 주의를 기울이는 데 익숙하다는 것입니다. 사회, 문화, 그리고 교육 시스템은 우리에게 외부 세계를 탐험하고 이해하도록 가르치지만, 자신의 내면 세계, 즉 우리의 감정과 생각을 탐구하고 이해하는 방법은 가르쳐주지 않습니다.

또한, 감정의 복잡성 자체가 우리를 혼란스럽게 만들기도 합니다. 우리가 느끼는 감정은 순수하게 단일한 것이 아니라 여러 감정이 혼합된 상태일 수 있습니다. 예를 들어, 화가 난다고 느낄 때 그 배후에는 실망, 두려움 혹은 상실감 같은 다른 감정들이 숨어 있을 수 있습니다. 이러한 감정의 겹쳐짐은 우리가 정확히 무엇을 느끼고 있는지 알기 어렵게 만듭니다.

우리 마음을 더 잘 이해하기 위해서는 내면 탐구의 여정을 시작해야 합니다. 이는 자기 성찰과 명상을 통해 달성될 수 있습니다. 자기 성찰은 우리가 자신의 생각과 감정을 조용히 관찰하고 반성하는 과정입니다. 일기 쓰기, 명상 등은 우리가 자신의 마음을 더 깊이 이해하는 데 도움을 줄 수 있는 훌륭한 도구들입니다.

명상은 특히 우리가 순간에 더 집중하도록 도와주며, 우리 내면의 생각과 감정의 흐름을 조용히 관찰할 수 있도록 해줍니다. 마음챙김 명상은 현재 순간에 집중하며, 우리의 감정과 생각이 지나가는 구름처럼 일시적인 것임을 깨닫게 합니다. 이 과정에서 우리는 자신의 감정을 더 명확하게 인식하고, 감정 뒤에 숨어 있는 더 깊은 원인들을 탐구할 수 있습니다. 이와 함께, 우리는 대화와 교류를 통해 자신의 마음을 더 잘 이해할 수 있습니다.

결론적으로, 우리 자신의 마음을 잘 알기 위해서는 의식적인 노력과 연습이 필요합니다. 이런 노력 없이 자신의 마음을 알기란 불가능에 가깝습니다. 우리 내면의 세계에 귀를 기울이고, 자신의 감정과 생각을 탐구하는 과정을 통해 우리는 자기 이해를 넓히고, 궁극적으로는 더 충족되고 의미 있는 삶을 살아가야 합니다.

에필로그

에필로그: 깨어있는 삶을 향해

어느 날 문득, 우리는 깨닫게 됩니다.

우리가 믿어온 것들이 어쩌면 우리의 것이 아닐 수도 있다는 사실을. 오랜 시간 익숙했던 생각들이 사실은 부모에게서, 학교에서, 사회에서 자연스럽게 배운 것일지도 모른다는 걸.

그렇다면 나는 누구일까요?

내가 옳다고 믿었던 것들은 정말 내 것이었을까요?

나는 얼마나 많은 것들을 아무 의심 없이 받아들이며 살아왔을까요?

세상은 늘 어떤 기준을 정해두고, 우리는 그것을 따라야 한다고 배워왔습니다.

"이게 정답이야."

"이렇게 사는 게 맞아."

"이게 옳은 거야."

그 말들이 얼마나 깊이 내면에 자리 잡았는지 깨닫는 순간, 우리는 스스로 내린 선택이라 믿었던 것들이 사실은 누군가가 정해둔 틀 안에서 이루어졌다는 걸 알게 됩니다. 그러나 다행스럽게도, 깨달음은 우리를 자유롭게 합니다. 한 번 틀을 깨고 나면 더 이상 예전처럼 살 수 없습니다. 의심하고, 질문하고, 다시 바라보고, 다시 생각하게 됩니다.

"나는 정말 이걸 원하는가?"

"이 생각은 어디에서 온 걸까?"

"내가 당연하다고 믿는 것들은 정말 당연한 걸까?"

이런 질문들을 던질 때마다, 우리는 한 걸음 더 자유로워집니다.

우리가 완벽하게 편견에서 벗어날 수 있을까요?

아마 쉽지 않을 것입니다. 하지만 중요한 건 끊임없이 깨어있으려는 태도입니다.

　이미 내 안에 자리 잡은 틀을 하루아침에 완전히 없앨 순 없지만, 적어도 그것을 의식하며 바라볼 수는 있습니다. 그리고 그것만으로도 우리는 조금씩 변할 수 있습니다.

　세상을 바라보는 방식이 달라질 때, 세상도 달라집니다.
　사람을 대하는 태도가 달라질 때, 관계도 달라집니다.
　무엇보다 나를 바라보는 시선이 달라질 때, 나는 달라집니다. 그러니 우리는 계속 질문하며 살아가야 합니다.
　타인의 이야기를 더 많이 듣고, 다른 시선을 받아들이고, 새로운 경험을 두려워하지 않는 것.
　완전히 새로운 사람이 될 필요는 없습니다.
　다만, 이전보다 조금 더 열린 마음으로 세상을 바라볼 수 있다면, 그것만으로도 충분합니다.

　우리는 모두 성장할 수 있습니다.
　그리고, 더 자유로워질 수 있습니다.
　이제 처음으로 돌아가 다시 묻겠습니다.

　"당신은 지금 이 순간, 자신의 의지대로 살고 있나요?"

이제는 조금 더 깊이 생각한 뒤 대답할 수 있기를 바랍니다. 그리고 그 대답이 어떤 것이든, 그 순간이야말로 당신이 진짜 자신의 삶을 살아가는 시작점일 것입니다.

·

·

·

"깨어있는 삶을 선택할 준비가 되셨나요?"

내 생각대로 산다는 착각

2025년 4월 21일 초판 1쇄 펴냄

펴낸곳 (주)꿈소담이 / 뜰Book
펴낸이 이준하
글 변진서
책임미술·편집 오민규

주소 (우)02880 서울특별시 성북구 성북로5길 12 소담빌딩 302호
전화 02-747-8970
팩스 02-747-3238
등록번호 제6-473호(2002. 9. 3.)
홈페이지 www.dreamsodam.co.kr
북카페 cafe.naver.com/sodambooks
전자우편 isodam@dreamsodam.co.kr

ISBN 979-11-91134-71-1 03100